精益制造*001*

5S推进法

修订版

図解でわかる生産の実務
５Ｓのすすめ方

［日］越前行夫　著　尹娜 译

人民东方出版传媒
People's Oriental Publishing & Media
东方出版社
The Oriental Press

目录

第 4 章 第 3 步：清扫 085

第 5 章 第 4 步：整顿 115

143 第6章 第5步：清洁

前言

"为什么 5S 的做法坚持不下去?"

尽管在所有的生产现场和职场，5S 已经成为广为人知的基本常识，但这个疑问仍然在生产现场和职场频繁出现。 答案其实很简单，即一直以来的做法使得 5S 持续不下去。 如果做法得当，5S 是可以持续下去的。

那么应该怎么做呢?

要遵守以下三个注意事项。

- 正确理解 5S；
- 导入正确的 5S 推进方法；
- 积极享受 5S。

5S 概念并非很难。 从孩童时代起，无论在家还是在学校，关于"整理·整顿"的概念就一直被反复强调。而"清扫"也是日常生活中不可或缺的重要项目，任何人都做过。

既然如此为什么还要强调必须正确理解 5S 的概念呢？ 所谓"正确的推进方法"是什么？ 什么又是"积极享受 5S"呢？

迄今为止，我帮助过很多企业建立和改善了 5S 机制。 但是从一开始就真正理解 5S，并将 5S 学为己用、作为根本支柱的企业基本上没有。 大部分企业都充分了解 5S 的必要性，但并不理解其中的深意，虽然并非敷衍了事，但就像一日三餐那样例行公事般实施。 毋庸置疑，比起那些对 5S 毫不关心，甚至连 5S 是什么也不知道的公司，这些企业已经取得了相应的成效。 但大多都是"变整洁了"、"物品好找了"、"空间变大了"等诸如此类的个别效果。

实际上，5S 就是经营本身，正确理解这件事很有必要。 随着 5S 的推进，企业的特征就会愈发明显。也就是说，企业的优势会逐步显现出来。 因为所谓 5S 就是丢弃不要的物品、不要的信息，做到能够立即甄别出需要的信息。 虽然从某种意义上说那是理所当然的，但遗憾的是，意识到这一点的企业非常之少。 如果明白了自己的优势，接下来就需要将其发扬光大，并巩固下去，即"企业的个性化"，这才是正确的 5S 推进方法。

人都有自己的长处，当然也有很多短处。与其去矫正短处，倒不如把长处加以发挥更快乐，最终能力也会提高。企业亦是如此，必须将自身的优势、特色发扬光大，而这一定是件很快乐的事。

5S 会帮助企业找到自己的优势所在，并使其加以发挥。实施 5S 的是每一位员工，而任何人被表扬都会情绪高涨，干劲大增。此外员工自己的能力提高，并且通过实践取得成果的话就会更加感到幸福。这样一来就越来越有干劲，就能不断地挑战下一个目标。实际上，快乐地推进 5S 并非难事。让员工发挥自主性，独立思考、实践并拿出结果就可以了。同时上司或领导要不断地表扬、鼓励他们。

本书将以 5S 的推进方法为重点展开解说。其中，在开始的部分强调了将 5S 持续下去的三个要因。要正确地推行 5S，每位实践 5S 的企业员工必须对 5S 有正确的理解，这一点十分重要。在此基础上，放心地交给员工做下去的话，必将成为过程愉快并有成效的 5S。而将 5S 持续下去的话，企业的优势一定会显现出来。

请以此为目标吧！ 快乐地将企业发展成独一无二的强者。 本书若能在这方面对您有些许帮助，我将深感荣幸。

那么就请您开始快乐的 5S 之旅吧！

越前行夫

2007 年 9 月

序章
现在为什么要提倡 5S

序-1　为什么现在 5S 会受到关注

对于企业来说，5S 在任何时代都是极其重要的道具。但是最近，5S 又再一次受到了世人的关注。为什么会这样？大致有以下两个原因：

- 现场作业者产生了变化；
- 外部环境产生了巨大变化。

首先，2004 年日本政府对制造行业就业派遣禁令的解除，以及二战后出生的"团块世代"（日本在二战后 1947—1949 年之间婴儿潮时代的出生者，在这三年中共有 805.7 万人出生，他们是日本战后重建的主力军，也

5S的重要性正在
不断增加！！

标准化作业的重要性

灵活机动的生产
体制是必要的

现场作业者的变化

外部环境的变化

（小时工·短期工·
外籍员工）

（变种、变量、短期交货、
产品换代周期的缩短）

图1　5S 的时代

一点建议

如果不确立 5S 体制，无论拥有多么出色的生产体制或标准化作业，一切都只是空谈。

被尊奉为日本现代经济、文化、价值观的缔造者。——
编者注）大量退休引起的"2007 年问题"都成为现场作
业者发生变化的重大诱因。 在正式员工不断减少的背景
下，小时工、短期工、外籍员工、代理公司的员工等各
种各样的人员在工作现场轮换着工作。 熟练作业者的减
少不仅使现场生产效率降低，由此产生的模范带头作用
的降低更会对企业未来的发展产生严重影响。 最近各行
业的"召回门"事件的增加与此不无关系。 5S 是实施标
准化作业的基础所在。 随着上述作业者发生的变化，5S
的重要性也愈加凸显。

　　另一方面，企业的外部环境每天都在发生着变化。
生产全球化虽然不是现在才开始的，但以中国为中心的
生产模式不仅在成本上，最近更是在品质上成为日本的
威胁。 为了适应变种变量生产、产品换代周期的缩短、
技术革新等各种变化，企业必须具有灵活机动的生产体
制。 而 5S 正是构筑这种生产体制的基础，受到关注也
可以理解为顺应时代潮流之举吧。

序-2　5S 是所有企业的基础所在

　　有时候会遇见这样的人，他认为不推进 5S 也能进行
生产，或者干脆觉得 5S 毫无意义，这样 5S 就被搁置
了。 还有很多人，认为自己已经充分理解了 5S 的重要

性，但是工作太忙顾不上实施。

确实，5S是一种管理技术（为了实现高效生产的技术），如果离开了生产的固有技术（实际的加工/组装相关技术），它将不复存在。

但并不是说只要能生产出产品就万事大吉。为了让客户满意，必须将优质的产品如期交付。无论生产技术多么出色、生产出的产品性能多么优良，如果无法满足客户的需求就毫无意义。

5S是所有企业的基础所在。最近发生的企业丑闻，大多数都是因为没有构筑起作为企业基础的5S。那么5S体制的缺失会导致什么样的后果呢？

● 生产安全无法保证，事故和工伤时有发生。

● 对产品质量产生不良影响，投诉不断，召回事件频发。

● 工厂的内、外环境无法确保，对工作人员和区域产生不良影响。

● 寻找等无用功的增加，导致工作效率降低。

以上只是极少部分的例子，实际还有很多的风险没有被提及。

由于彻底实施5S体制的企业还为数不多，因此只要将5S体制确立起来，就有可能发展成为优秀的企业。做好了5S，工厂就成为产品陈列室，只要请客户参观工厂即可促成商谈的例子在现实中也不鲜见。

图 2　5S 支撑的内容

作为企业基础的 5S 体制如果不复存在的话，就算拥有再好的生产技术，也只能是抱着金碗挨饿。

专栏　在各地开展的 5S 推进活动

在栃木县（日本的"县"相当于中国的"省"。——编者注）的足利市，各区域正在开展 5S 的推进活动。足利市、栃木县南部地区的区域产业振兴中心、足利工商会议所、市内的企业以及学校都参加了该活动。在足利市，有各行各业的骨干企业、中小企业落户于此。当然重头戏还是生产现场。下面就介绍几项别具特色的活动。

1. 5S 网络会议

正在实施 5S 的企业和将要实施 5S 的企业在每月的工作告一段落后就聚在一起，交换信息或进行讨论。参加者从企业领导到年轻员工都有，每次都能看到热火朝天的讨论场面。

图 3　5S 网络会议

图 4　5S 见习会

2. 5S 见习会

　　到已实施 5S 的企业去参观，学习好的经验。　在之后的交流会上，安排有答疑活动，传授 5S 的实施技巧。而被指名参加 5S 见习会的企业，能够使 5S 得到进一步锤炼，实施水平大幅度提高，这样的好处也不容忽视。

3. 5S 研修会

　　分数次举行的 5S 研修会涉及从 5S 的基础知识到具体的实施方法。　有时还可以一边参观生产现场一边学习 5S。

007

第 1 章
5S

1-1 何谓 "5S"

本书多次提到了 5S，那么什么是 5S 呢？ 即便是向已经实施了 5S 并已取得累累硕果的企业员工询问，也不能得到统一的答案。 在本书序章中已经提到，首先必须要正确理解何谓 5S。 如果不明白什么是 5S 就去实践 5S 的话，就好比不懂足球规则却参加足球比赛一样，不是光会踢球就可以的。

首先来对 5S 下个定义吧！

整理：丢弃不要的物品

清扫：时常保持整洁

整顿：做到随时能取出想找的物品

清洁：时常维持整理、清扫、整顿的状态

素质教育①：遵守既定规则

看似并不困难，都是些理所当然的事情。 但是能够正确理解、说明 5S 概念的人却少之又少。 原因在于，尽管从孩童时代就一直不停地被教育必须要进行整理整顿，但并没有接受过关于 5S 的特别教育。

有关 5S 的各个项目，在本书后面的章节中会一一详细说明。 虽然 5S 的定义很简单，但其内涵深奥，越深入理解就越觉得理解得还不够。 因此务必要做到不耻下问。从现在开始还不迟，让我们一起来正确理解 5S 吧。

何谓 5S?

整理（Seiri）：丢弃不要的物品

清扫（Seisou）：时常保持整洁

整顿（Seiton）：做到随时能取出想找的物品

清洁（Seiketsu）：时常维持整理、清扫、整顿的状态

素质教育（Shitsuke）：遵守既定规则

（括号中为日文发音拼写——编者注）

很多人本以为自己知道 5S。但实际上他们大多都不能就 5S 的定义进行说明。因此在开始实施 5S 之前，让我们正确了解 5S 的定义吧。

---

① 也可译作"素养"。

010

1-2 5S 的目标是什么

为什么要实施 5S 呢？ 之前在本书序章的部分稍有提及，在本节中让我们再次思考一下 5S 的目标。 5S 的内涵极其深奥，并且它所带来的效果也是数不胜数的。因此我打算围绕 5S 的四个主要目标展开说明。

1. 创造舒适的办公环境

没有无用之物、干净整洁的办公环境无论从物质层面还是精神层面来说，都是令人舒畅的。

2. 获得客户的满意

在确立了 5S 制度的工厂，优质的产品能够按客户的要求如期交付。 来工厂参观的客户看到这样的工作环境也能对产品质量感到放心。

3. 测算工作的效率

如果整顿工作做得彻底，就基本可以省去寻找物品的麻烦。 操作台上也会井然有序，在没有杂物的操作台上工作的话效率也会提高。

4. 提高可视化

随着杂物的减少，保管的空间也会减少，货架的高度可以降到肩部以下了。 这样现场的情况就会一目了然，能够及早发现问题，解决问题。

当然，仅靠 5S 也不能解决所有的问题，但如果不实施 5S 的话，事倍功半的情况就会时有发生。

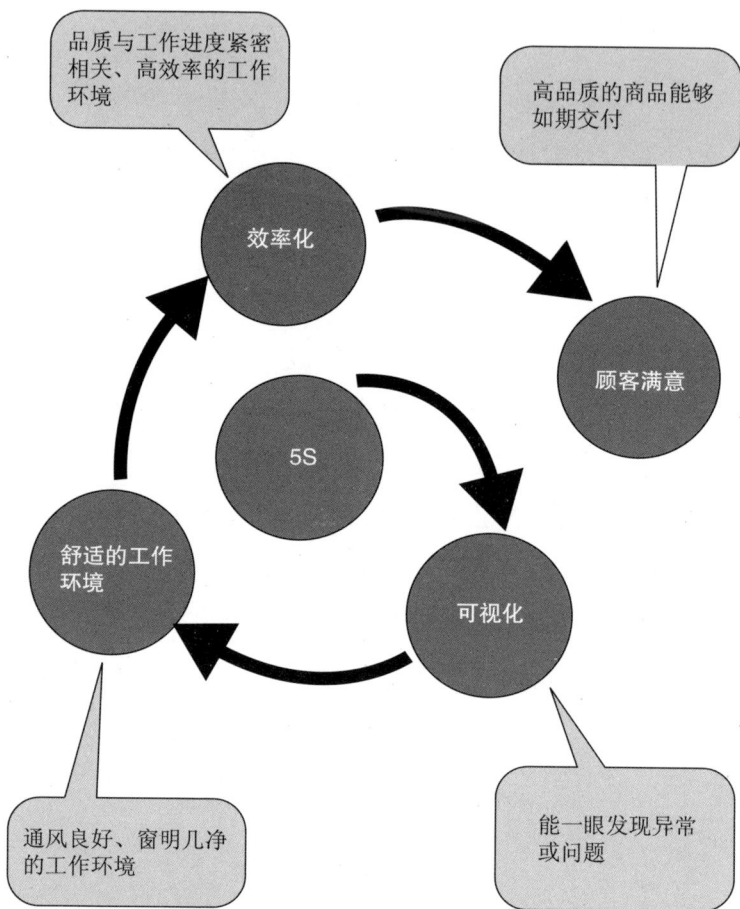

图 1-1　5S 的目标

一点建议　5S 的目标就是，对自己、对客户以及对社会的贡献。

1-3 5S 的优点是什么

在前面的章节已经提到，在追求 5S 目标的过程中，5S 的很多优点会逐步显现出来。 何止是一石二鸟，甚至可以达到三鸟、四鸟的效果，让人欲罢不能。 但是操之过急的话，也有可能会逐二者不得其一，因此原则上将其当做额外收获，以平和的心态对待即可。

5S 的主要优点有四个。

1. 人员的进步

这是重要并且能够产生显著效果的一项，以至于我甚至想将其列入 5S 的目标当中。 5S 整体水平提高的过程即是人员能力提升的过程。

2. 时间成本的降低

如果实施 5S 的话，商品质量、交付期限、生产效率都会有所改进。 由于不用被时间、交货期限、客户询问等问题所烦扰，时间自然会变得宽裕。

3. 工作环境的改善

员工能够干劲十足地投入工作的话，整个工作环境就会充满活力，员工之间也能够愉快而顺畅地沟通。

4. 低成本运作

5S 的优点就是成本低，并且能够立即进行实施。 基本上没有失败的案例，即使失败也不会产生太大的损失，因此能够轻松地导入。

以上论述的是 5S 的主要优点，而几乎没有缺点也是 5S 的一大特征所在。

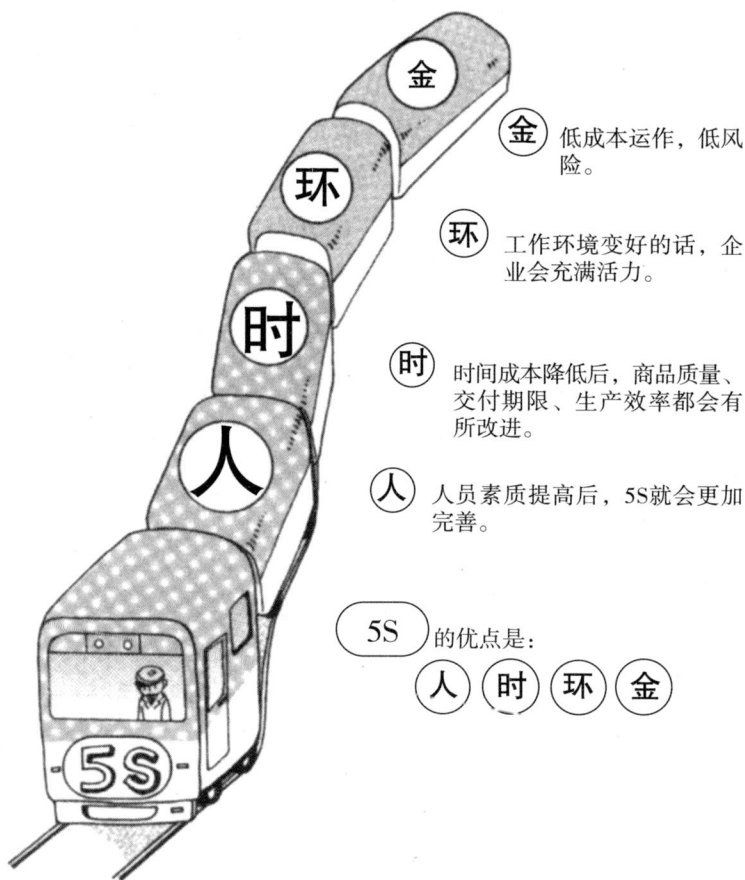

金　低成本运作，低风险。

环　工作环境变好的话，企业会充满活力。

时　时间成本降低后，商品质量、交付期限、生产效率都会有所改进。

人　人员素质提高后，5S就会更加完善。

5S　的优点是：

人　时　环　金

图 1-2　5S 的优点

一点建议　5S 的优点是"人、时、环、金"，即人员的进步、时间成本的降低、工作环境的改善和低成本运作。

1-4　5S 的六个步骤

虽说 5S 很简单，能够立即导入，但是任何事情的步骤都很重要。 有句古语说：欲速则不达。 5S 也需要按照步骤循序渐进地实施下去。 要想细水长流地将 5S 实施下去，就不应急于求成，需要从长计议。

首先简单地介绍 5S 的六个步骤。 因为在本书后面的章节中会一项项地详细介绍，所以这里只介绍其概要。

第 1 步　5S 的导入准备

如果打算导入 5S，不应马上就实施，首先要进行扎实的准备工作。 如果不进行热身就运动的话会伤害身体，5S 也是一样。

第 2 步　整理

实施阶段的第一步，需要丢弃不要之物。

第 3 步　清扫

第 4 步　整顿

在整理阶段丢弃了不要之物后，就要清扫。 其后的步骤才是整顿。 如果先整顿后清扫的话，效率会大大降低。

第 5 步　清洁

清洁是在整理、清扫、整顿都已完成的基础上进行的。

第 6 步　素质教育

最后一个步骤是素质教育。

实施5S，需要的时间可能会有长有短，但效果都是很显著的。

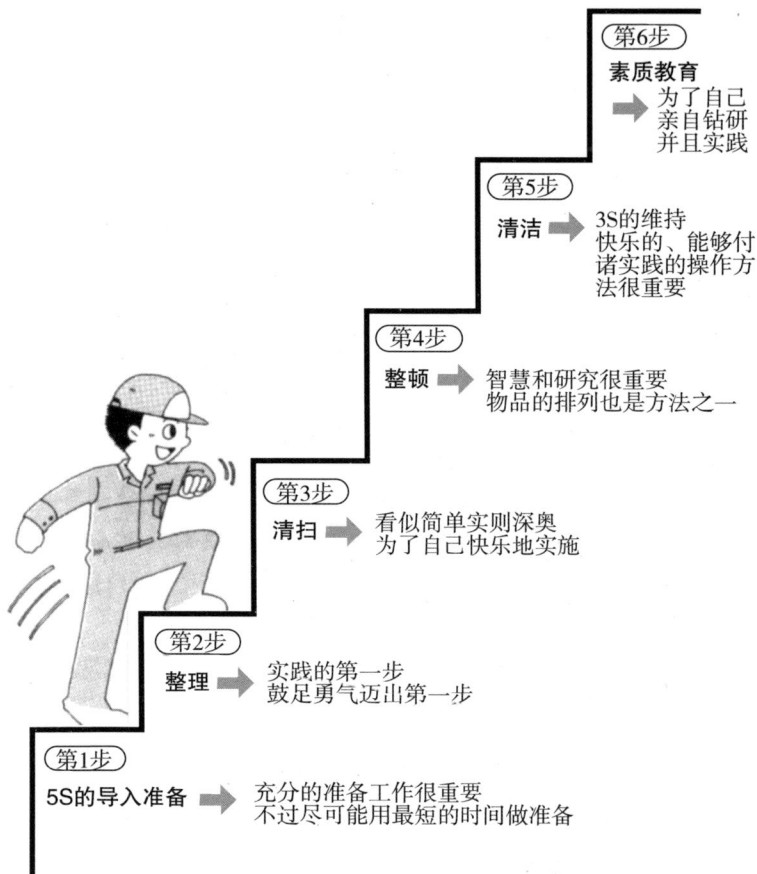

第6步
素质教育
➡ 为了自己
亲自钻研
并且实践

第5步
清洁 ➡ 3S的维持
快乐的、能够付
诸实践的操作方
法很重要

第4步
整顿 ➡ 智慧和研究很重要
物品的排列也是方法之一

第3步
清扫 ➡ 看似简单实则深奥
为了自己快乐地实施

第2步
整理 ➡ 实践的第一步
鼓足勇气迈出第一步

第1步
5S的导入准备 ➡ 充分的准备工作很重要
不过尽可能用最短的时间做准备

图1-3 依次进行六个步骤

一点建议 不做准备工作就实施5S的话，就好比不做热身运动就跳入游泳池。

1-5　首先要认真实施 3S

◆为什么 3S（整理、清扫、整顿）尤为重要

如果扎实地实施了 3S，第 4 个"S"的清洁工作也就基本完成了。 所谓"清洁"，就是 3S 的维持工作。 而第 5 个"S"素质教育也是如此，在 3S 完成的条件下，也能得到保证。 这是因为，清扫和整顿能够得以保障可以理解为大家都能遵守既定的规则，即做到了素质教育。

因此，首先要在彻底实施 3S 上下工夫。 虽然笼统地称作 3S，但其内涵深奥，普通的办法是行不通的。 但是如果不采取任何行动的话，3S 就永远无法确立起来。正所谓"千里之行，始于足下"。 如果能一步一步踏实地往前走，3S 就一定能够很好地完成。

◆所谓"3S 的正确顺序"

那么 3S 应该按照怎样的顺序进行呢？ 这一点可能会因人而异，但第一步一定都是整理工作。 之后我建议进行清扫，最后是整顿。

所谓"整理"，就是丢弃无用之物。 如果将该步骤放在后面执行的话，就会产生将无用之物也进行清扫或整顿的无用功。 因此要最先进行整理工作。 整理完成后，污垢就会变得显眼，下一步就是进行清扫工作了。

017

整顿需要智慧和研究，需要较高的操作技术，因此成为3S 的最后一个步骤。 能够切实做好整顿工作的企业全都可以跻身优秀企业之列，这个说法毫不夸张。

●首先彻底地执行3S（整理、清扫、整顿）

3S完成之后清洁和素质教育自然就水到渠成了

●3S按照整理⇒清扫⇒整顿的顺序实施

图 1-4 首先从 3S 开始

一点建议 要想确立 5S，首先要彻底实施整理、清扫、整顿的 3S 工作，这是要诀。

专栏　在学校也能实施 5S

历史悠久的栃木县足利工业高中导入了 5S 机制。结果学校在短时间内变得非常整洁，并且作为 5S 的模范学校，接到来自县内外众多学校的咨询和参观请求。 这件事情说明，5S 不仅在企业，在任何地方，任何人都可以实施。

该学校首先由教师学习 5S 并逐步实践。 每月 5S 巡视活动结束后，确定各区域 5S 的实践项目。 由于切实地实施了 5S，短时间内就产生了显著的效果。 书籍文件都摆在桌上这种教师办公室的传统印象完全改变。 此外在机械加工室、设计室等都能看到与优良企业无二的 5S 推进效果。

图 1-5　机械加工室

图 1-6　设计室

　　学生们也都理解了 5S 的含义，这使得 5S 得到了进一步发展。偶尔甚至会有学生提醒老师去注意 5S 的实施情况，这表明学生的意识正在发生变化。这应该是自然而然达到素质教育目的的一个极好的例子吧。

　　据说，该校的德国友好学校的著名学者来学校参观交流的时候，十分惊讶于校内环境的高度整洁。

　　现在，该校由教师和学生代表组成的 5S 委员会定期实施巡视，维持 5S 的实施效果。

　　今后他们打算通过参观优秀企业的 5S 实施情况，来进一步提高自身 5S 的水平，并打算将其长久地推进下去。如果能够在学生每年都有流动的学校里将 5S 维持下去的话，这种全新模式的 5S 也必将成为企业学习的榜样。

第 2 章

第 1 步：5S 的导入准备

2-1　下定决心导入 5S

◆把"但是"和"以后再说"作为禁语

"我非常了解 5S，也深知 5S 的目标和优点。 但是……以后再说吧……"如果言语中出现了"但是"、"以后再说"这样的字眼，就要注意了。

"但是"这个词包含这样的借口："我们公司与其他公司不一样，用普通的办法行不通。 我们公司与众不同"。

再者，"以后再说"这句话则可以看出"缺乏决断的勇气"这种消极态度。

<table>
<tr><td rowspan="3">消极的态度</td><td colspan="2">
但是   不想做
以后再说   找借口

*产生后悔   *毫无效果
</td></tr>
</table>

| 积极的态度 | 即使失败也无所谓　　不管怎样
立即行动　　　　　　尝试着去做

注：一定会有效果！如果进行不顺利的话，换个办法再试一次。 |

图 2-1　开始进行 5S 的态度

一点建议　"但是" 和 "以后再说" 都是不想做的借口。
用 "即使失败也无所谓" 的态度立即行动吧！

"但是"、"以后再说"这样的字眼出现的话，多数都可以理解为将来不可能实施。 现在存在很多问题的企业自不用说，即便是目前发展顺利没有大问题的企业，考虑到将来的发展还是应该立即导入 5S。 在本书前言中也提及过，这是因为 5S 就是经营本身。 即便现在顺风顺水，也不能保证这种状态能永远持续下去。 此外，是否真正发挥了公司的优势也还是疑问。

◆不管成败与否先投入实践

日语里有这样一句话"即使失败也无所谓"。 即使失败也不会损失什么，如果成功那就是赚了。 而如果不付诸实践就一切都是空谈。 所幸 5S 不需要怎么投资，即便失败了也能把风险降到最低。 没有比 5S 风险更小、获益更大的项目了吧。 总之，下定决心实施吧。做决定是领导层的事情，而让领导层下决心就是员工的职责了。 让我们立即行动吧！

2-2 明确 5S 的定位和目标

◆5S 的导入要"稳扎稳打，快速推进"

如果只是单纯地、或者胡乱地导入 5S，就不能取得

023

显著的效果。 反而多有混乱、失败的案例发生。 这么一来下一步即使想实施 5S 也不会顺利地进行下去。

　　5S 的导入关键词是"稳扎稳打，快速推进"，看上去好像是矛盾的。"稳扎稳打"指的是，要一步一个脚印地去实施。 操之过急容易忽略某些重要步骤，后面肯定会受到影响。"快速推进"则指的是，在切实走好每一步的基础上，尽可能地在短时间内完成准备工作。 如果准备时间过长，就会让人觉得疲惫而失去兴趣。 因此"稳扎稳打，快速推进"就成为了关键词。

◆明确 5S 的定位和目标

　　5S 的目标在本书第一章中已经进行了说明。 公司将什么作为目标，目标达成时会是什么情形（期望出现什么情形），需要将这些问题具体化。

　　5S 的定位也可以说成是经营方针本身。 也就是说，是仅仅将 5S 作为给职场注入活力的工具，还是将其作为改革创新的核心。 如果将 5S 定位为部分改善的工具的话，其成效也会相对微弱。 但是作为经营改革（或是生产改革）的核心的话，就能充分发挥 5S 的特点或优点。如前所述，5S 就是经营本身。 尽可能地将 5S 与其他所有的经营策略（TQM、TPM、JIT 等）一起作为经营改革的核心来定位为好。

● 5S的导入要稳扎稳打，快速推进

● 明确5S活动的定位和目标

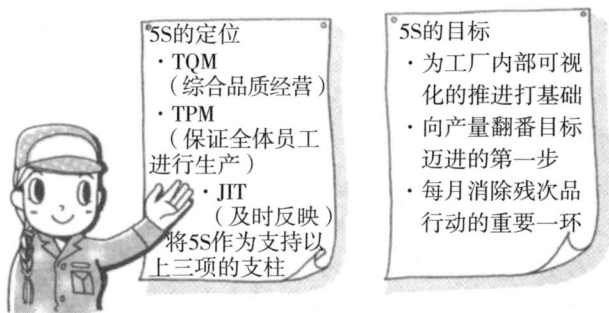

5S的定位
· TQM
（综合品质经营）
· TPM
（保证全体员工进行生产）
· JIT
（及时反映）
将5S作为支持以上三项的支柱

5S的目标
· 为工厂内部可视化的推进打基础
· 向产量翻番目标迈进的第一步
· 每月消除残次品行动的重要一环

图 2-2　定位和目标

一点建议 5S 是经营改革的支柱。描绘出希望看到的改革效果，稳扎稳打地推进，尽可能在短时间内做好准备工作。

2-3　确定 5S 的推进条件

◆决定 5S 成败与否的推进条件

虽说 5S 的目标已经十分明确，但光有目标还是不够的。 5S 的推进过程是有条件的。 不明白这个条件，或是制定出与现场脱节的条件都会使 5S 的推进亮起红灯。创造利润对企业非常重要。 没有利润的企业就不能存活，不用说社会贡献，还会给员工，乃至客户、股东等诸多相关者造成困扰。 但是为了提高收益，使用任何手段都可以吗？ 答案当然是否定的。 建筑行业的猫腻、肉类食品的丑闻、使用过期材料等行为是不可容忍的。5S 的推进也是如此。

◆何谓"5S 的推进条件"

作为 5S 的推进条件，最重要的就是发挥当事人的主观能动性。 在自己的工作现场亲力亲为地实施 5S 并积极跟进，这一点很重要。 强加于人或命令式的 5S 是不能长期坚持下去的，因为那不是发挥当事人主观能动性的 5S。 当事人如果不接受，5S 是不可能持续下去的。就如同无论父母怎么说"赶快学习，赶快学习！"都不肯学习的孩子，总有一天找到自己的目标后不用父母叮嘱自然会好好学习。 但是这也是鲜见的例子吧。 因此激发当事人主动推进 5S 的动机尤为重要。 在 5S 与工作发生冲突的时候，只要明确告知当事人优先工作，就会让

人觉得轻松许多，5S 反而能够进展下去。 让我们认真地
讨论一下 5S 的推进条件吧。

①发挥当事人的主观能动性
强加的或上级命令式的5S不能长久

②工作（客户）优先
在"交货期与5S之间，优先哪一个"
的问题上不能犹豫不决

③把5S作为支柱
那个也要做，这个也要做……
结果什么也没做成

④首先要动手去做
光想不做的话什么也得不到

⑤ 安全第一
时刻注意安全

图 2-3　5S 的推进条件

一点建议　能调动员工积极性的 5S 很重要。强加于人或命令式的 5S 会遭受阻
力。要重视调动员工的积极性。

2-4 了解现状

5S 的目标、定位和推进条件明确了之后，下一步就要把握与 5S 相关的所在公司现状。《孙子兵法》中说道："知己知彼，百战不殆。"意思就是，只要充分掌握敌军和我军的情况，就绝不会打败仗。 5S 也是如此。在 5S 的战役中，敌军是最终理想（定位、目标），我军就是目前的现状。 把握现状，推算出理想与现状的差距，就是需要解决的课题。

那么说起现状，要如何去把握呢？ 没有必要太仔细地去分析。 漫无目的的详细分析有百害而无一利。 首先大致地把握以下内容即可。

1. 迄今为止有没有实施过 5S？

2. 如果实施过，在哪个部门实施了多久？又为什么终止？

3. 员工能否正确理解 5S？

4. 5S 的三大支柱 3M 已经确立了吗？（是否曾经确立过？）

    Management：领导层的意愿

    Motivation：现场工作人员的积极性

    Method：5S 的推进方法

5. 作为 5S 的目标而设定的项目现状如何？

了解现状对今后 5S 导入的准备工作十分有效。 请务必客观把握所在公司的现状。

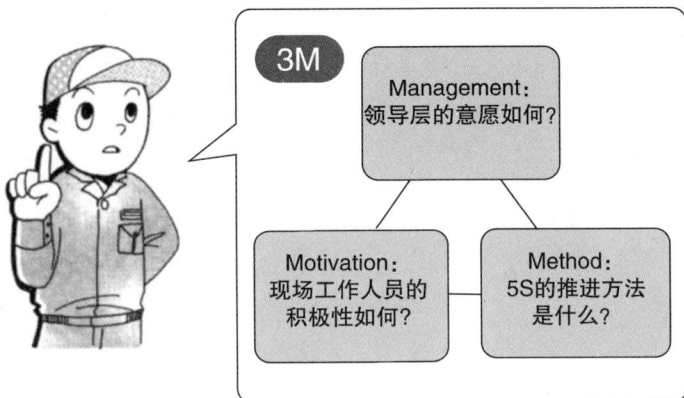

图 2-4　了解自己所在的公司

●把握最终理想与现实的差距（课题）

1. 有无 5S 的经验？

2. 在哪个部门实施了多久？

　没能继续实施下去的原因是什么？

3. 员工能否正确理解 5S？

4. 3M 已经确立了吗？

　如果还没有确立，需要突破的课题是什么？

5. 与 5S 的目标相比，现状是怎样的？

一点建议　3M（领导层的意愿、现场工作人员的积极性、推进方法）在 5S 的推进过程中至关重要。因此首先要了解自己所在公司的 3M 状况。

2-5　选定 5S 的指导者

◆为什么 5S 的指导者是必要的

5S 的目标、定位、推进条件以及对现状的把握都完成后，就进入到选定 5S 指导者的阶段了。 根据所在公司的情况选择合适的指导者就可以了。

当然，不确定指导者，各自为营地推进 5S 也是可行的。 但俗话说，一知半解是要吃大亏的，小看 5S 的话会掉入意想不到的陷阱。 请不要忘记 5S 的内容并不简单，具有深奥的内涵。 某报纸刊登过"假设存在英才教育的公式，那就是：人才＝时间投入 ×训练培养。 时间的投入固然重要，但光有这一点是远远不够的，训练培养也是重要因素之一。 根据指导者指导水平的高低，训练的结果会有很大差异。 这一点同样适用于 5S。

◆外聘指导者的优点

公司内部有专业人士的话，也可以由其担任指导者，但这样会存在以下缺点。 比如，不能客观地看待问题；不方便直言不讳地给出意见；现场人员可能不会把指导者的话当一回事。 我就有这样的经验，明明是同一件事情，社长说了大家就不听，而外聘咨询顾问说了大家就会听。 这也是有效利用外聘咨询顾问给我的启发。

图 2-5 选择指导者的决定因素

一点建议 如果有合适的指导者，5S 的推进就会如虎添翼。具备丰富经验和知识的指导者给出的宝贵意见，务必要诚恳接受。

2-6　确定 5S 的推进方法

终于要进入 5S 实施的准备阶段了。 5S 的指导者定下来的话，听从其意见即可。

光嘴上说 5S 的推进方法，但具体该确定什么内容，很多人都是一头雾水。 之前也提到过，5S 的课题就是消除目标与现实的差距，即消除敌我差距。 5S 的推进方法就是如何消除敌我差距，即如何接近敌人的方法。

珠穆朗玛峰也好富士山也罢，通往山顶的路都不止一条。 5S 也是如此。 接近敌人也有很多方法。 登山时登顶线路的选择，会因登山成员的经验和力量，或者登山时的季节条件、登山当天的天气条件而发生变化。 5S 推进方法的确定也必须考虑诸多因素。 单在这层意义上，拥有丰富经验和知识的指导者（用登山作比喻，就是需要有当地向导、或是对路况熟悉的人）的意见一定能发挥作用。

这里列出 5S 推进方法的范例，仅供参考。

1. 5S 涉及的对象范围

全公司范围内同时导入/先在生产现场导入/在生产部门的某个特定生产线导入，之后再逐步扩大范围等。

2. 5S 的步骤(全公司范围内同时导入的时候)

全部门范围首先进行整理→接下来清扫……/结合各部门的实施情况来推进（允许各部门存在差别）等。

①全公司范围内同时导入

耶!

②集中在生产部门/生产线导入

耶!

③错开时期依次导入

④指定特定部门作为示范，重点实施

⑤首先全公司同时导入整理环节⇒接下来是清扫

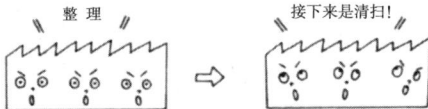

整 理

接下来是清扫!

图 2-6　5S 的推进方法

一点建议 缺少瞻前顾后性的 5S 必然会碰壁，弄不好 5S 就会自然流产，因此对如何导入 5S 务必要慎重考虑。

2-7 确定 5S 的推进组织

推进 5S 的是人。 不仅是 5S，任何事情都需要人去执行，否则就不会产生效果。 而如何让人顺利、高效地完成任务，决定权掌握在 5S 推进组织的手中。 5S 的推进组织非常重要，但现状却是为会议而设的组织、为审查而设的组织，结果往往与设立初衷相违背。 这样一来专门设立的组织就成了无用之物。 因此有的组织反而没有会更好。 因为有了这样的组织才产生了无用的会议、汇报和资料制作等等。

5S 的推进组织需要整顿工作环境，以便现场人员更加顺利地实施 5S，这是很重要的。 可以将 5S 推进组织视为领导层的辅佐，因此最好能够成为领导层直属的组织。 领导层不进行干预、及时同意推进组织决定的内容、营造出 5S 易于执行的工作环境尤为重要。

以下是 5S 推进组织需要注意的地方，敬请参考。

1. 选对负责人很重要

这一点任何组织都一样，而 5S 尤其容易受到负责人素质的影响。 身为负责人，重要的素质是，干劲十足、能够完全以现场为主导。

2. 从各部门选派委员

为了确保成员的参与意识，从所有参与部门选派委员对于 5S 的推进非常重要。

3. 彻底执行"三现主义"（现场、现物、现状）

包括现场巡视在内，生产运营一定要围绕现场展开。

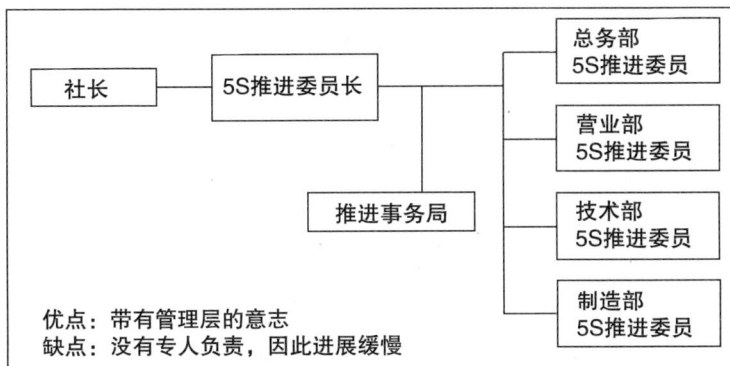

图 2-7　5S 的推进组织（例 1）

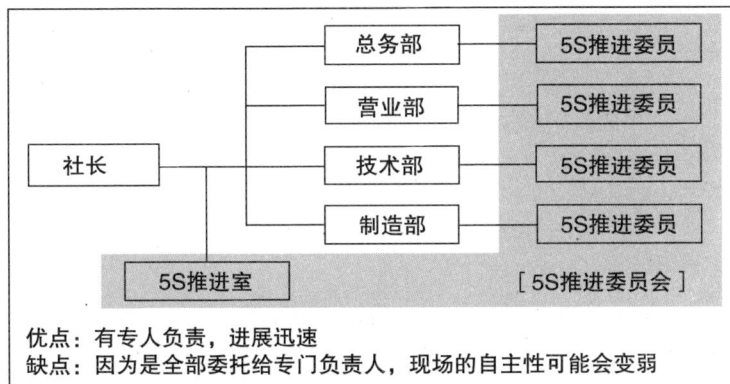

图 2-8　5S 的推进组织（例 2）

在 5S 推进组织中，负责人是关键。领导不应委托给负责人后就不闻不问，要营造出便于负责人开展工作的环境。

2-8 确定 5S 的资源（时间、预算等）

◆任何策略都需要最低限度的资源

虽说 5S 的优点是不需要怎么花钱，但也不意味着完全不花一分钱，再者 5S 是以人的活动为中心的，所以确保充足的时间资源也非常重要。

在我生活的横滨，有横滨 FC（足球俱乐部——译者注）。今年升格为了 J1（日本职业足球甲级联赛——译者注），它是从 J2（日本职业足球乙级联赛——译者注）一路走过来的。由于没有专用的俱乐部活动场所，就连有名的重量级选手三浦知良在训练后都要去投币式淋浴房淋浴。横滨 FC 向人们证明了即使没有很多钱，凭借坚强的意志和刻苦的训练同样也能出成绩，但如果连一点预算经费都没有的话，横滨 FC 不要说升格为 J1 了，可能连 J2 都保不住。

◆5S 的资源是什么

那么 5S 需要的资源到底是什么呢？

最重要的资源是人，但钱是还多少需要一些的。光是丢弃废物也需要花钱。清扫工具之类的也需要备齐。除此之外，用于改善工作环境的器材等若干项都需要做预算。与 5S 的指导者充分沟通，需要哪些预算，提前计划好。

　　而 5S 重要的人力资源，也有需要提前做好准备的项目。一是保证活动时间。或是在上班时间内进行，或是利用加班时间，或是利用节假日等。另外，在大型企业，任命从事 5S 的专职人员也是行之有效的办法。

●活动时间是上班时间？加班时间？休息日？

人

●5S的专职负责人？兼职负责人？

●清扫工具的费用

●改善器材的费用

预算

●外聘指导者的费用等

图 2-9　5S 必要的资源

一点建议

5S 不是志愿者活动，而是非常重要的工作。确保一定的活动时间和预算非常重要。

2-9 确定 5S 实施的具体办法

◆有关 5S 实施办法的考虑

在本书中"敌我"这样的词语已多次出现，把这个词放在心上的话 5S 的推进就会少走弯路。 同时也是为了避免在推进 5S 的过程中将实施 5S 的初衷遗忘，需要时常准确把握敌我情况，考虑具体的应对方法。 不过我方水平提高后敌方的情况亦会产生变化。 此外也可能出现新的敌人。

用登山来打比方的话，向富士山发起冲击的过程中可能会看见珠穆朗玛峰，于是目标（敌人）又会变为珠穆朗玛峰，就是这个道理。 但是，连富士山都登不上去的话，珠穆朗玛峰就更不可能了。 必须先征服富士山，然后才能向下一个敌人珠穆朗玛峰发起挑战，这才是合乎逻辑的做法。 5S 也是同样。 一开始目标定得过高，中途会受到挫折。 不如一步一个脚印，脚踏实地向前推进吧。

◆选择适合所在公司现状的方法

实施方法因各公司的历史、规模、行业、环境、人员构成的差异而不同。 而且即使是同一家公司，其状况也会随时间而改变。 采取符合所在公司现状的方法即可（具体方法见小节 2-10）。 不管怎么说，5S 是需要付诸实践的。 尝试着去做，遇到问题再改进就可以了。 向大家介绍这样一句话："巧而迟不如拙而快。"意思是，比起擅长却不尽快执行，笨拙却迅速付诸实践会更好。

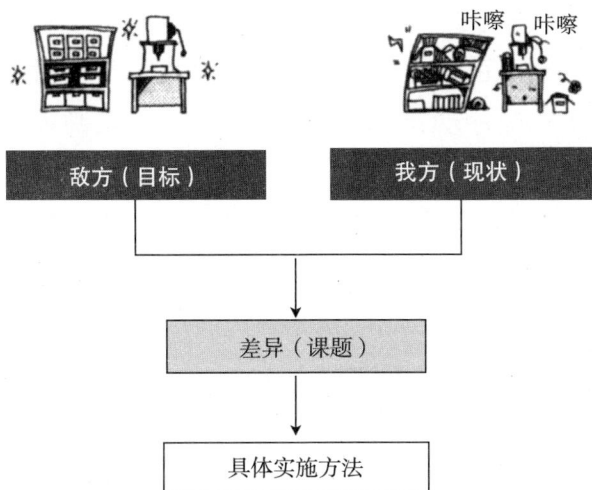

图 2-10　5S 信奉"实践至上"

●考虑填补差异的具体实施方法

●如果没有具体的方法，就会成为"为了实施而实施"（目标成了实施 5S 本身）

●关于具体方法，比起花太多时间去想，边做边修正的做法往往更好（巧而迟不如拙而快）

比起花时间去探讨方法，"巧而迟不如拙而快"（就算不完善也没关系，首先要立即实施）更重要。

039

2-10 5S 实施方法的具体实例

在这一节里，将详细介绍小节 2-9 中提到的 5S 实施方法的具体实例。 在小节 2-9 也提到了，5S 实施的方法千差万别、百社百样。 没有哪种方法是绝对的好，采取符合所在公司现状的方法实施即可。 虽说如此，但是判断哪种办法适合自己，对于非专业人士来说并非易事。 不对，其实这对于专业人士来说也很难。 这是因为他无法了解这个公司的一切。 因此推进 5S 的领导之类的核心人物应该与 5S 指导者边商量边摸索才是最好的办法。 5S 指导者自身经验丰富，并且知道其他公司的很多实例（包括失败的例子），能够提出最符合本公司实际情况的建议。

以下是 5S 具体实施方法的一个例子，谨供各位读者参考。

●公司的领导与 5S 的指导者一同巡视现场，然后提出建议。当然 5S 的实施是由现场人员完成的。

●5S 的推进委员与 5S 指导者一同巡视现场，然后提出建议。实施地点在生产现场。

●以小组活动为中心，让现场员工进行 5S 活动。5S 指导者亲临现场直接给出建议。

●5S 的推进委员在现场相互为对方部门提出建议。5S 指导者要致力于培养提高 5S 推进委员的专业水平。

● 每月制定重点检查部门，并由 5S 指导者给出建议。然后一起实施 5S 活动（清扫、整顿等）。

表 2-1　5S 的实施方法

	实施方法	概要	优点
1	负责人巡视	负责人和 5S 的指导者一起巡视现场，提出建议	· 负责人能够把握现场情况 · 能够提高现场人员的干劲
2	5S 委员巡视	负责人和 5S 指导者一起巡视现场，提出建议	· 5S 委员的专业水平得以提高
3	通过小组活动进行实践	5S 指导者一边观察现场，一边直接给小组建议	· 能够自主地推进 5S
4	5S 委员相互给出意见	5S 委员相互在现场给出意见。5S 指导者负责委员的学习培训	· 5S 委员的水平得以提高
5	5S 指导者给出意见	5S 指导者巡视重点部门，直接给出意见	· 能够充分发挥 5S 指导者的能力

一点建议　一边实施 5S 一边寻找符合所在公司实际情况的方法即可。只是空想的话是不会进步的。

041

2-11　如何提高现场人员的积极性

无论采取何种实施方法，实施 5S 的都是现场人员。可以说，5S 的成功与否与现场人员的积极性（干劲）息息相关。 领导把环境整顿得再好，5S 的指导者再出色，如果现场员工不行动起来的话是没有任何效果的。 领导对此有所理解的话，一切就好办了。 因为他一定会采取措施来提高员工的积极性。

那么提高现场人员的积极性有哪些方法呢？ 方法有很多，但是对不同公司来说方法也不尽相同，同一公司的不同时期方法也会各异。 还是需要与 5S 的指导者商量后再确定。 这个办法行不通换别的方法就可以了，所以没有必要过于紧张。 下面我介绍一些提高现场员工积极性的方法，仅供参考。

1. 实施 5S 的培训

首先，正确理解 5S 尤为重要。 但是对现场人员做深奥难懂的报告或单方面的讲述收效甚微。 最好能够大家一起交流和探讨。

2. 向别的公司取经

百闻不如一见。 向别的公司学习经验是非常好的方法。

3. 设立"一句话提案制度"（参照图 2-11）

能够自由地提建议的话，就会切实感受到 5S 的存在。

4. 设置立即执行的部门

提案如果能被迅速实施的话，员工就会越来越有干劲。

所谓 5S "一句话提案制度"

- 针对 5S 能够轻松提案的体制
  可以简单地写在一句话提案用纸上提交

- 提案要立即进行讨论，可行方案要立即执行
  现场人员可能不擅长书面表达，因此提案用纸最好做得简单（画简单的图也可以）

5S 一句话提案用纸	
提案日：2010 年 10 月 10 日	提案者：甲斐　善
5S 的课题	沿墙壁摆放的固定货架高度很高，其上部和后部很难打扫。
提案内容	换成高度在 1 300 毫米以下的推车。这样一来既方便移动，又好清扫。而且窗户没了遮挡，采光会更好。

图 2-11　一句话提案用纸

一点建议　"一句话提案制度"的关键在于让人能够轻松地写出来。收到建议后，对可行性的及时回复非常重要。

2-12　制定 5S 的推进计划

5S 机制只要去实施就一定会出成效。 但是我建议大家尽可能地按照既定目标去推进。 管理循环是：P（Plan，计划）→D（Do，实施）→C（Check，评价）→A（Action，对策）。 5S 机制也必须紧紧围绕"PDCA"循环展开。 因此制作 5S 的推进计划就显得非常重要。

首先制定年度计划。 计划制定得过于遥远无异于画饼充饥，不切实际。 而仅以未来一周或一个月为目标而制定的计划，会因周期过短而难以把握全局。 虽然这比连未来一个月的计划都不制定要好得多， 不过短期计划却是在一定程度上浪费了时间。

下面探讨制定年度计划的注意事项。

1. 计划应由领导和 5S 的推进负责人一起制定

5S 的责任人始终是领导。 但实际的操作是以 5S 的推进负责人为中心展开的。 二者之间的相互信任与交流至关重要。

2. 计划尽可能详尽

不要出现"分析现状"或"考虑对策"等项目。 这样会让人没有明确的目标。 如何展开 5S 的培训、现场巡视、红色标签作战（本书后面会有说明）、共同清扫等等，应该把这些具体的内容写出来。

3. 听取 5S 指导者的建议

5S 指导者的好处之前已经说明过了。 特别是关于具体的实施项目细节，一定要听取指导者的建议。

● 如果没有推进计划，5S 就成了作秀的表演

● 计划的内容尽可能详细地列出

⇒ 抽象的表述会让人无法判断是否已经做到。

表 2-2　5S 推进计划

	10月	11月	12月
全体	5S巡视（每月第一个周一13点开始）		
	5S研修（领导 ⇒ 负责人 ⇒ 工作人员）		
整理	明确丢弃标准	红色标签作战1（第1工厂）	红色标签作战2（第2工厂）
清扫		以玄关、过道、卫生间为重点进行清扫（全工厂）	
整顿			对模范部门（A生产线）进行整顿
清洁			
素质教育			

注：玄关、过道、卫生间的相关内容请参照小节 4-3。

一点建议 推进计划由负责人和领导一起制定。尽量将内容具体化，这一点非常重要。

2-13 事前做好疏通

"疏通"这个词，会让人想到背后交易，带有不可告人的意味。《广辞苑》对该词如下解释：比喻意，为了使某事进展顺利，事先跟各方面打好招呼。

实施 5S 也需要事先疏通。 正式实施 5S（即使是第二次实施也）需要有极大的思想准备。 对于领导来说，要做好决不后退的思想准备。 5S 听起来比较朴素，但如果因为缺乏新鲜感，不采取积极行动就直接导入的话，肯定会无疾而终。 因此需要事先做好疏通。

◆如何做好疏通

首先与管理层（管理者、监督者）的疏通是必要的。 因为管理层必须理解全公司改革的核心内容，必须作为领导的左膀右臂执行 5S，起模范带头作用。 同样，5S 的推进责任者或 5S 委员也都担负着重大责任，有必要进行事前的充分疏通。

一般称作 2：6：2，意思是在 10 个人中有 2 个人无论做什么都是干劲十足，积极主动，另外 6 个人被这 2 个人的干劲所带动去行动，剩下的 2 个人是无论怎么说都不行动。 5S 要关注最前面的 2 个人，也就是干劲十足的人。 5S 推进委员可以从这个比例中选。 让这 2 个人不断地执行，他们出了成效的话追随者就会不断产生。
通过这些人进行疏通的话是非常奏效的。

图 2-12　得到积极者的赞同

●不断扩大 2：6：2 中 2（有干劲的人）的比例很重要

●靠说教强加于人是不会有效果的

　只有当员工充分理解之后才能主动行动起来

●事前疏通是赢得理解的重要手段

一点建议　　不断扩大 2：6：2 中 2（有干劲的人）的比例。

2-14　事前准备和开始

5S 的导入准备最后阶段就是事前准备和开始了。严格地说，"开始"与其说是导入准备不如说是导入本身，为了方便起见本书将"开始"也放在这一章节中。

在足球比赛中，开球意味着比赛开始，而 5S 的开球就如同导入宣言。在 5S 的推进过程中，开始并非只是个仪式，而有着重要的意义。领导向员工表明自己的决心，宣布将把 5S 作为改革的支柱导入，具有非同小可的意义。话虽如此，但是在 5S 的导入上花费太多时间是与 5S 的本质相违背的。迅速且有意义的开始对今后 5S 的成功是不可或缺的。为此也需要对 5S 的事前准备考虑周全。

下面列出 5S 开始的具体内容及事前的准备项目，仅供参考。

（事前内容）

1. 领导发表 5S 的导入宣言；

2. 由 5S 的指导者进行 5S 的说明（5S 的定义和目的等）；

3. 对 5S 的推进组织、推进计划进行说明（推进负责人）；

4. 表明决心（5S 委员）。

（开始准备）

1. 确定全体员工都能参加的时间、地点；

2. 确定开球内容和事前疏通状况。

●开始的要点【全·短·简·精】

全体员工参加、**短**时间（15 分钟左右）内、**简**洁地（涵盖要点：领导层的决心、5S 的必要性等）、**精**神十足充满干劲（表明现场人员的意愿）

九铃工业株式会社
5S开始仪式流程

　　　　某年某月

1. 5S导入宣言　　　　早路社长　　　2分
2. 5S是什么　　　　　黑古老师　　　5分
3. 5S推进组织及
　　推进计划的说明　　原木负责人　 3分
4. 表明决心
　　　　各5S推进委员会　　　　　　3分

图 2-13　开始仪式流程

一点建议　开始的要点是【全·短·简·精】。指的是：全体员工参加；短时间内简洁说明；现场人员精神十足充满干劲；领导层要表明决心。

专栏 用可视化的方式来推进 5S

生产汽车防酸铝配件的清田防酸铝株式会社，由于采用了高技术和 5S，工厂整洁有序，获得了客户的高度评价。 5S 的效果在工厂随处可见。 下面介绍一些可视化操作的具体事例。

1. 灵活应用导管制作而成的置物小车

我向各位推荐该公司将导管连接起来做成置物小车的做法。 所有的货架或置物小车都带有脚轮，方便移动。 为了确保工厂车间的视野开阔和工作效率，货架或置物小车的高度都在 1 300 毫米以下。

图 2-14 导管改良置物小车

图 2-15　工厂全景

2. 一目了然的标识

所有的置物小车或工具箱都贴有附带彩照的卡片，方便简单且正确地取出想找的物品。白线标识、标准样品、操作规范等也都做了清楚的明示。

3. 账目票据类的可视化

将之前一直放在抽屉里的账目票据及状态表示牌都贴在外面，为了方便拿出，利用挂钩或透明的挂袋，一切都一目了然。

051

第 3 章

第 2 步：整理

3-1 何谓"整理"

◆ 日常的整理

开始仪式也圆满结束了，马上就要进入 5S 的实践阶段了。 第 2 步是整理。 5S 中首先必须实施的就是整理。 那么所谓"整理"到底是怎么一回事呢？

平时无意识地使用的"整理"一词到底是什么意思呢？ 比如，"交通整理"（中文意：维持交通）一词，或者某活动作为入场券的"整理券"（中文意：叫号牌）一词（"交通整理"和"整理券"皆为日文词汇。——编者注）。 有时会看见把 5S 的"整理"理解为上面所举的"整理"之意。《广辞苑》的解释为：把处于杂乱状态的物品变得井然有序。

◆5S 中的"整理"

在 5S 中，"整理"的定义是，"扔掉不用之物"。扔掉交通对"交通整理"（维持交通）来说是不可想象的。而整理券（叫号牌）若是丢掉的话恐怕反而要秩序大乱了。

醒目

扔掉无用的东西后，有价值的物品熠熠生辉

垃圾 垃圾 垃圾
垃圾 垃圾 垃圾

图 3-1 5S 的"整理"

- **所谓"整理"**
  丢弃不要的物品

- **丢弃无用的物品的话**
  有价值的物品就凸显出来了
  如果物品很多的话就不知道有价值的物品在何处

- **进行整理后能量就会涌现**
  能够以整理为乐是再好不过了

一点建议 丢弃不会让人觉得"可惜"。因为只有丢弃了，"有价值的物品"才会出现。

因此，"丢弃"是不可以一概而论的，如果"丢弃"是这么简单的事情的话，也就不存在 5S 里的"整理"一词了。 众所周知，肯尼亚政府环境副部长旺加里·马塔伊非常喜欢"太可惜了"这句话，并把它传到了全世界。 这句话在解决环境问题方面十分妥当。 而"整理"，也就是"丢弃"，难免会让人觉得可惜。 但是通过丢弃会把有价值的物品凸显出来。 并且"丢弃"能让人避免下次不必要的购买。

3-2 为什么整理是必要的

◆通过整理能够充分发挥物品的功能

"可惜"的日文写作"勿体無い"。"勿体"指的就是物品本身。 也就是说，物品本身所具有的功用没有被发挥出来，即是可惜。 只有通过丢弃一些没有用处的物品才能够让有用的物品焕发生命力。

堆放在衣橱里或壁橱里的那些曾经喜欢过的衣服，变得不入时穿不出去的经验想必大家都有过。 而丢弃了过时的衣服才能立即发现喜欢的衣服，也就是说通过丢弃能焕发物品的生命力。

◆不丢弃的话会不断产生浪费

实际上在企业里这样的事情也时有发生。 堆放在壁橱深处的文具多数都会被遗忘。 寻找在仓库里"睡大

055

觉"的零部件也很费工夫。 所以没必要因为便宜就买一堆放在那里，最终丢弃在仓库的一角，而发现时就太晚了，结果通通丢掉。 这样真的划算吗?

虽说如此，如果已经一次性大量购买了也没有其他办法。 但是如果不需要的话就必须丢弃。 而不丢弃的后果会是怎样呢? 需要购买货架储存和精心保管，甚至会因储存空间不足而另外租赁仓库。 保管不用的东西要花费这么多财力和人力，真正是浪费中的浪费。

图 3-2 疏于整理的衣橱

●**进行整理的话**
⇒头脑也会清醒许多
（能够物尽其用）
●**收纳场所要空出 30%（如果可能的话 50%）**
⇒容易寻找，并且能够轻松地拿出放入

一点建议 买入一个就丢弃一个的话，总量就不会增加。收纳保管的场所要时常空出 30%为好。

3-3 确定整理的对象

丢弃不要的物品就是"整理"。 那么什么才是不要的物品呢？ 如果不明白这个问题，想扔也扔不了。 一般来说物品（包括信息）可以分为以下三类。

- 不能使用的物品；
- 不打算使用的物品；
- 打算使用的物品。

不要的物品包括"不能使用的物品"和"不打算使用的物品"，这一点是一目了然的。 所谓"不能使用的物品"是指，因故障不能再起作用的设备或工具类物品。 其实如果真是需要的话送去维修就能再使用了。而放在那里不管的话就成了无用之物了。 家里会有坏了的家电或自行车等，而我们往往都没有丢掉它们，或是没能丢掉它们。

不打算再使用的物品是指，如果想用的话也能用，但是再也用不到的物品。 因产品更新换代而不能使用的模具或夹具，因价值工程学（接近于人们日常生活中常用的"合算不合算"、"值得不值得"的意思，指事物的有益程度。——编者注）被更换下来的旧物品等就属于此类范畴。 在家庭中好几年都不穿的衣服或长期不用的餐具等不打算再使用的物品数量众多。 这些物品如果想用的话也能用，所以才没有勇气扔掉它们。 但是很遗憾，基本上永远也用不到这些物品了。

如果对这些不要的物品置之不理的话，它们的数量会越来越多。之前已经说过，不扔掉这些物品的话有用的物品就不会焕发活力出现在你的面前，所以鼓起勇气丢掉它们吧！

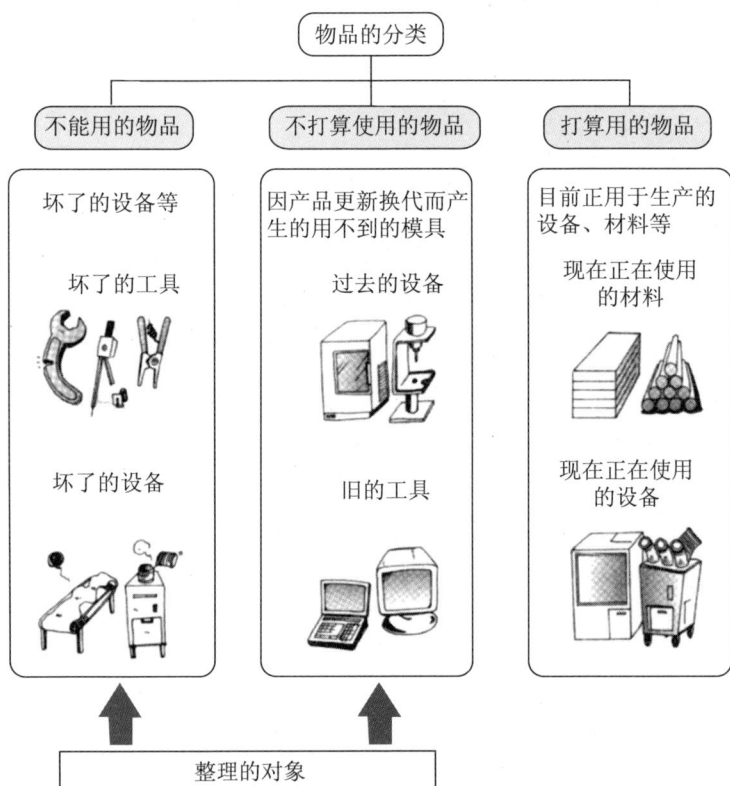

物品的分类

| 不能用的物品 | 不打算使用的物品 | 打算用的物品 |

坏了的设备等

坏了的工具

坏了的设备

因产品更新换代而产生的用不到的模具

过去的设备

旧的工具

目前正用于生产的设备、材料等

现在正在使用的材料

现在正在使用的设备

整理的对象

图3-3 什么是"不要的物品"

一点建议 不能用的物品和不打算用的物品要果断地丢弃。即便留下来也几乎没什么用。

058

3-4　将使用的物品也列入整理的对象

使用的物品就没有必要整理了吗？ 其实不然。 有用的物品大致可以分为以下三类：

- 经常使用的；
- 偶尔使用的；
- 也许会用到的。

经常使用的物品当然要留下来，而且要尽可能地放在手边。 那偶尔使用的物品怎么办呢？ 偶尔是个含糊的说法，但在"还能使用"这点上是毫无疑问的。 比起经常使用的物品，它们的使用频度当然要低，所以没必要放在手边。 那么也许会用到的物品该怎么办呢？ 这样的物品，反过来说就是或许用不到。 前两类物品姑且不论使用频率，终归是用得到的，但是第三类有可能会用不到，而这种物品就是整理的对象。 此类物品如果留下的话，物品就会越积越多。 所以如何丢弃也许会用到的物品，是整理的关键所在。

扔掉之后可能也会有要用它们的时候，那时会想当初如果不扔掉就好了。 但这都是几十分之一甚至几百分之一的概率。 由于不能做到仅此一件留着不扔，其结果就是其他所有的物品都无法丢弃。 表面看来好像因为没扔而使某件物品发挥了功效，但需要认识到也因此数十或数百能扔的物品都被保留了下来。

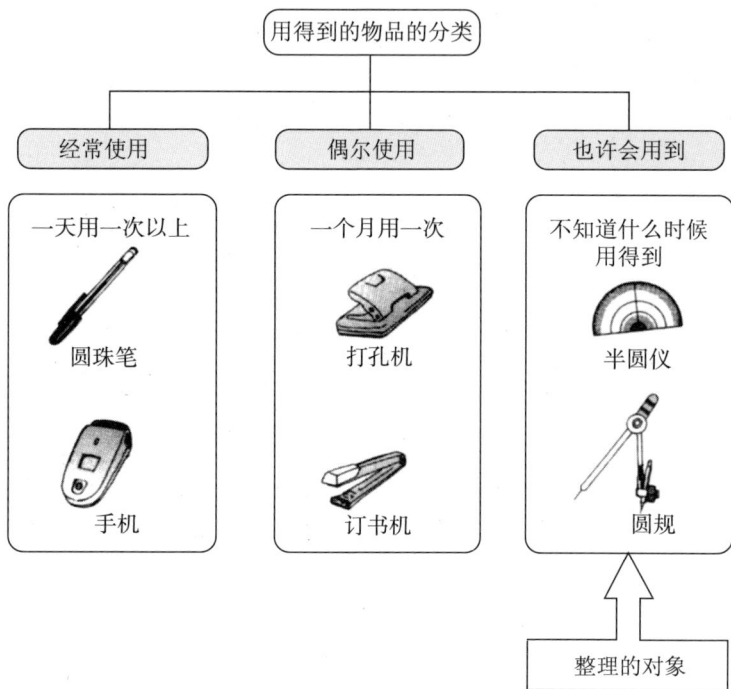

图 3-4 "使用的物品"分类

● **留下也许会使用的物品的话**
⇒能丢弃的物品将越来越少
"也许会用得到"就是"几乎用不到"的意思。

一点建议 也许会使用的物品也要果断丢弃。相比保留，丢弃会使我们获得更多。

3-5 明确丢弃的标准

对于丢弃的对象，已经明确不再使用的物品倒也好办，关键是之前所说，也许会使用的物品和偶尔会用到的物品应该按什么标准去丢弃呢？ 明确这个问题非常重要。

丢弃的标准大致可以分为以下两种：

● 期限（该物用到何时为止）；
● 数量（该物在某期间内会使用几次）。

具体来考虑一下。 就拿打包用的胶带来说，打包用的胶带有很多种类。 假设现在手头备有 10 种不同材质、宽度、厚度和颜色的胶带，但是其中有 5 种都很久未用，落满了灰尘，购买日期至少也是 1 年以前了。考虑到今后可能也是这种情况，如果丢弃的期限是 1 年的话，那么这 5 种胶带就是可以立即扔掉的物品。 而如果把丢弃标准定在半年、3 个月、1 个月的话，整理的水平也自然会提高。

其次是数量。 某种胶带确实每周都会使用，但是用量非常少，基本上 1 个月消耗 1 卷。 可是这种胶带有 50卷。 1 年用 12 卷，这个量够用 4 年以上。 假设也以 1年使用量为丢弃标准的话就必须扔掉 30 卷以上。 而如果以半年使用量、3 个月使用量、1 个月使用量设置丢弃标准的话，整理的水平就会提高。 如果不是特殊的难买的胶带，手头备有一周的用量就够了。 因此丢弃的勇气非常重要。

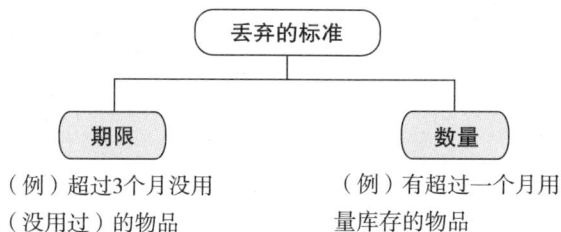

图 3-5　丢弃的标准

图 3-6　确立丢弃期限

●与归还期限、使用期限一样，明确设立丢弃期限

一点建议 如果一段时间用不到的话就果断丢弃。超过一定数量的物品也要果断丢弃。一旦犹豫或考虑的话就无法丢弃了。

3-6 整理该由谁何时去实施

整理的对象已经明确了。 那么整理该由谁何时去实施呢？ 有关整理的具体方法后面会详细说明，首先来考虑下整理的大概步骤。

①确定整理的对象；

②确立丢弃的标准；

③根据丢弃标准区分要丢弃的物品；

④进行丢弃。

①②加入了人的判断，因此会受到人的意志的左右。 而③只要标准明确的话谁来实施都是一样的。 ④也只是丢弃的工作，谁来执行都是一样的。

整理的难度在于，因为是丢弃公司的资产，所以即便是很小的金额也会对财务产生影响。 也就是说必须要获得管理者的认同。 当然丢弃不值钱的破烂或没有列入资产的物品不在此范围内。 不过话虽如此，这些也都无疑是公司的物品。 就结论来说，丢弃这项行为本身谁都可以做，但是丢弃与否只能靠管理层进行判断。 因此整理需要管理层极大的决断和勇气，也就是说整理的水平与管理者的水平关系密切。

那么，现场的工作人员在整理环节上什么也不用做，或者什么也不能做了吗？ 答案当然是否定的。 因为现场的工作人员最清楚什么是用不到的物品。 因此经常向管理者进行提议是很重要的。

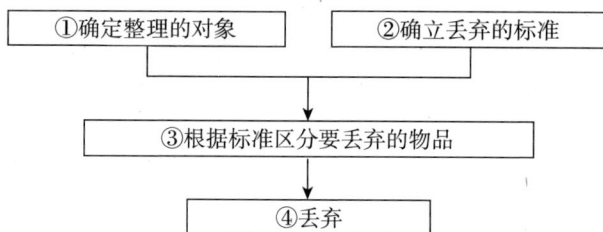

| ①确定整理的对象 | ②确立丢弃的标准 |

↓

③根据标准区分要丢弃的物品

↓

④丢弃

图3-7　整理的步骤

课长，这个可以丢掉吗？

还留着这种东西干什么。赶紧丢掉吧！

图3-8　丢弃的建议与判断

●做出判断的是管理者，但提议能否丢弃则是工作人员的职责

●对于工作人员的提议，管理者应立即进行判断给出结论

一点建议　工作人员要勇于向管理者提出整理的建议。管理者则应立即决断。

064

3-7 整理的方法① ——红色标签作战法

◆何谓"红色标签"

下面详细介绍整理的具体方法。首先要知道"红色标签"。

所谓"红色标签"，简单地说就是整理的可视化。工作现场的物品当中，碰到不需要的就在上面贴上红色标签，这是因为红色的标签会非常醒目。光用脑袋去想，工作会毫无进展，所以干脆什么也别想，将暂时不用或印象中没有用过的物品（设备、金属模具、夹具、工具、材料、日常用具……）统统贴上红色标签，这样现场的管理者或员工看见物品就能判断其是否有用。

◆红色标签的优点和使用方法

理想的情况是，不用贴红色标签也能当场果断地丢掉。但是之前章节中也提过，不能随意丢弃公司的资产。而如果当场一个一个认真去思考的话，整理的工作就无法推进。因此作为整理小道具的红色标签意义重大。

实际上贴完红色标签以后的工作更为重要。如果贴了标签后什么也不做就毫无意义。倒不如说反而浪费了贴标签的时间。可能的话把贴了红色标签的物品集中到一起，然后本着基本要丢弃的原则，再分别去确认是否要丢弃。 属于固定资产的物品当然必须要履行报废手续。 迄今为止未使用过的设备中可能也会下周要用到。这种情况下要尽快进行确认，用过之后要立即丢弃。

●贴了红色标签以后的工作非常重要。如果光贴标签不采取任何行动的话，不仅毫无意义，连红色标签本身也成了浪费时间

图 3-9　红色标签

一点建议 对于红色标签，不用过多考虑，要不断地去贴。而贴了之后的工作更为重要。立即采取行动是关键所在。

3-8 整理的方法②——犹豫不决时的处理办法

贴了红色标签能够丢弃的物品，将其不断丢弃就可以了。 但其中会有虽然贴了红色标签，但还没有决定是否丢弃的物品，还有虽然没有贴红色标签但让人觉得扔了也无妨的物品。 也就是说，会有标准模棱两可或难以做出判断的物品出现。 这样的物品该如何处置呢？

①不采取任何行动，放置不管；

②虽没到贴红色标签的地步，暂时贴上黄色标签加以区别；

③将其移至其他场所。

也许还有其他的办法，不过我们来思考一下上面列举的 3 个提案。 ①是什么也不做，看上去很简单有时也很奏效，但也存在这样的例子，因为认为总有一天会贴上红色标签，所以一直没有贴就一直搁置着，这不能称之为好的提案。 ②是源于足球的做法，两张黄牌等于一张红牌，这个规则似乎被广泛接受。 但若是贴第二张黄牌的时间与贴第一张黄牌的时间距离较近的话倒也还好（足球比赛每场赛事可以出示黄牌），如果距离时间较长，没有了下次出黄牌的机会，结果和方案①无异。

在此我推荐方案③，困惑的时候，将小物件转移到"临时放置盒"或"临时放置架子"，大物件放到架子上等"临时放置点"。 比如以一个月为期限，那些物品在一个月内从未移过位置的话，到时候就可以全部丢弃。 一定要将放置点设在视线范围内，否则最终还是无法丢弃的。

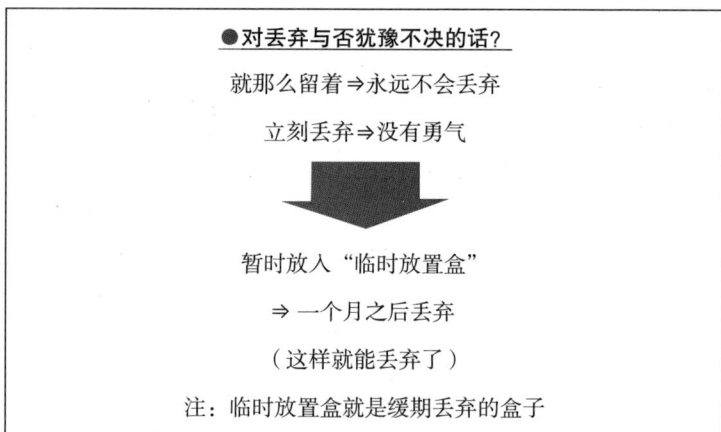

●对丢弃与否犹豫不决的话？

就那么留着⇒永远不会丢弃

立刻丢弃⇒没有勇气

⬇

暂时放入"临时放置盒"

⇒ 一个月之后丢弃

（这样就能丢弃了）

注：临时放置盒就是缓期丢弃的盒子

临时放置盒

截止到 x 年 x 月 x 日

图 3-10　临时放置盒

一点建议 犹豫不决时将物品转移至临时放置处。如果一个月内用不到的话，那就要立即丢弃了。

3-9　整理的方法③——一半一半地丢弃

◆没有勇气丢弃

红色标签也贴上了，确认也做好了，马上就准备要丢弃了；或者已经转移到临时放置处一个月以上，最终还是要丢弃的物品，终于到了丢弃这一步了，但是这项起初就没有勇气去实施的工作肯定会引发很多思想斗争。

◆如果一半一半地丢弃就能做到了

那么我告诉大家丢弃的诀窍，即一半一半地去丢弃。 虽说是个很简单的小窍门，但效果却出乎意料的好。 即便是对一次性丢弃很抵触的人，如果一半一半地丢弃的话就会容易接受很多。 这种做法并不是指把数量精确分为两份，只是一个概念而已。 当然一开始就能全部丢弃的人还是全部丢弃为好。 那样会更高效，而且也节约了工序。 但是如果做不到那样的话，先试着扔一半（或者三分之一）也可以。 这样丢弃的话难度会降低，之后的丢弃工作就容易进行下去了，请试着做做看。

家庭也是如此。 衣服等物品确定不再使用之后，如果对全部丢弃有抵触感的话，先扔一半也行，这么想的话就能比较心平气和地丢弃了。

图 3-11 使丢弃变得轻松的诀窍

●丢弃需要勇气

⇒但是却无法鼓起勇气

注①：不能一次全部丢弃的话，就试着一半一半地丢弃。

注②：这之后丢弃的难度就会降低，易于丢弃了。

一点建议

一半一半地丢弃的话，就比较没有抵触感了。之后就会有勇气做到不断丢弃无用之物。

3-10　整理的方法④——不要堆积，当场丢弃

◆物品堆积多了整理起来就费事

　　将物品堆积多了再去丢弃是件麻烦的事情。　因为判断是否需要是很麻烦的。　无论是在公司还是在家里，每天都会收到大量的文件、书信和广告单等。　在个人电脑和手机如此高的普及率之下，纸的用量还在增加确实让人吃惊。　书信或广告单中也夹杂了账单、发票或者重要通知等不可以丢弃的文件，因此也不能随便乱扔。　而将这些物品堆积一周后，会丧失将有用文件和无用文件分开来的斗志。　但还是必须从堆积如山的文件资料中找到催缴单等无论如何都需要的文件，真是既费时又费力。

◆不厌其烦地丢弃就会轻松许多

　　这里我要推荐的是，当场看到当场丢弃的方法。　这不仅用于文件类物品，电子邮件也同样适用。　特别是每天收到大量邮件的人，此方法特别有效。　具体做法是，首先垃圾邮件不必阅读直接放入垃圾箱。　不需要做处理的邮件可以粗略读过后，放入预先设定的文件夹。　当时就能判断没有用的邮件应立即放入垃圾箱。　剩下的邮件就是重要的或者需要回复的邮件。　能简单回复的邮件当场就回复，然后放进垃圾邮件箱。　回复过的邮件会被保存到回信文件夹，有需要的话看那里就可以了。　经常清

071

空自己的收件箱会非常清爽，而且重要的邮件也能一目了然。

●当场能作出判断进行"丢弃"的话

⇒①无用之物不会堆积

（需要的物品能立即找到）

②之后的整理工作会省时省力

③能培养人的判断力和决断力

图 3-12　不要堆积，立即丢弃

一点建议　可以丢弃的物品要不加考虑地当场丢弃。这样反复做几次的话会锻炼人的决断力。

3-11 整理的方法⑤——反复进行

◆整理做一次就可以了吗

整理是 5S 的第一步，但经常被人误解为，整理只要做一次即可。 也就是说，整理工作结束后，进入到下一步的清扫或整顿阶段的话，就可以将整理一事忘掉，往往存在这样的误解。

所谓整理就是丢弃的意思。 当然并非任何物品都可以进行丢弃，这里指的是丢弃不用的物品。 整理一次，即使当时丢弃了不需要的物品，随着时间的流逝肯定还会再出现不用的物品的。 现在用得到的物品，半年后或一年后也不一定能保证还有用；产品的更新换代会产生不用的零部件或夹具；因价值工程学而产生的不用的零件；票据等物品如果超过了法定时效也都会成为无用之物。

◆整理需要经常进行

据说便利店里销售有 3 000 种商品，1 年后剩下的商品只有 3 成。 卖不掉的商品每天都在消失。 如果卖不掉的商品就那么一直保存着会怎么样呢？ 商品种类会不断增加，只有 30 坪（一坪约合 3.3 平方米——译者注）大小的狭小空间肯定会放不下的。 而且对顾客来说，想找自己想要的商品也会很困难。 还有，张贴的宣传标语

073

也容易被人遗忘。 宣传标语也有时效性。 见过这样的
事例，某家店内还张贴着好几年前安全周或品质月的活
动标语，要特别注意避免这样的事情。

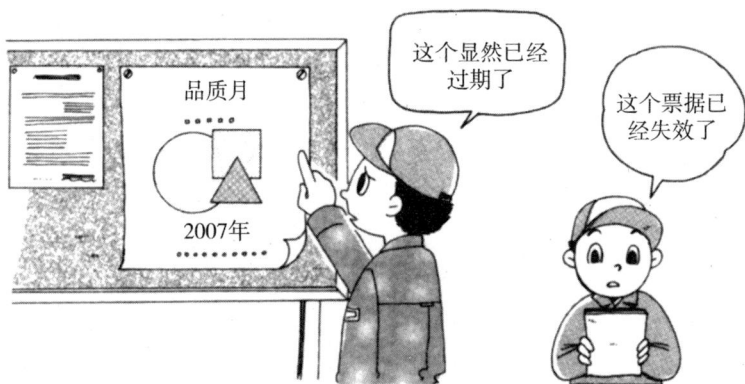

图 3-13 整理需要坚持做下去

● 整理工作并非做一次就万事大吉

⇒随着时间的推移，又会有无用之物产生

⇒必须定期或在需要的时候进行整理

● 对于张贴的标语要特别注意

很多企业多年来一直贴着褪色的海报或标语

一点建议 对于张贴的标语至少一周重新检查一次。重要的信息（告示）越少越醒目。

074

3-12　整理的要点①——管理者是关键

◆为什么丢不掉

整理即丢弃。丢弃行为本身是非常简单的。但是要走到丢弃这个步骤需要经过复杂的过程，所以会有一旦想进行整理也无法实施，什么也丢弃不了的情况。

先以家庭为例进行思考。自己购买的物品、或是靠自己的判断可以丢弃的物品占大多数。衣服、文具、书籍、杂货等物品可以轻而易举地丢弃吗？衣橱或壁柜里塞的物品能简单地丢掉吗？擅长整理的人可能会立即回答"可以"。但是大多数人都会很为难吧。即便是自己的物品都无法轻而易举地丢弃，更不要说公司的物品了。

◆关键在于管理者

整理的要点是勇气和判断。私人物品无法丢弃是因为想着说不上还会用得到，所以无法做出丢弃的判断。公司的物品就更难做出判断了。那么判断应由谁来做呢？是管理层。如果管理者鼓起勇气决定不断丢弃无用之物的话，工作环境的整理就会加速推进。丢弃的优点很多。反之堆积的缺点则数不胜数。现在就立刻下定决心吧。

图 3-14　关键在于管理者的判断

●丢弃无用之物要靠管理者的判断

⇒整理水平的高低与管理者水平的高低是一致的

无法丢弃无用之物（信息）的管理者是无法发挥有用之物（信息）的作用的。

工作人员要勇于向管理者建议。

一点建议　整理的水平等同于管理者的水平。无法做出决断的管理者应被追究管理的能力。

3-13　整理的要点②——丢掉过去

◆信息也有时效性

无论在家还是公司，您不觉得书籍、杂志或文件会很快堆积如山吗？ 想着好不容易花钱买的东西，不留着的话会可惜了，说不上什么时候还用得到所以想留着，诸如此类的理由或许不少，所以很难将其丢弃。 那么请冷静地考虑一下。 读过一次的书或杂志，再读一次的情况有多少？ 除去与工作相关的工具书，让人读第二次的书或杂志基本没有。

假设有时会去重复读旧书或旧杂志，那也等于又回到了过去。 时代在不停地变化，整理也需要"丢掉过去"这种勇气。 现在旧书通过网购也能轻松到手。 而且书的纸张循环再利用事业也在蓬勃发展。 除了工作上需要的书或者无论如何也丢弃不了的书，其他我都建议您全部丢弃。 如此一来，剩下的书的价值就会变得更高。

◆丢掉过去，迎接新挑战

公司也是如此。 不仅是书，资料或文件也是越堆越多。 特别是现在电脑的内存增加，丢弃资料这样的行为越来越少。 结果就是很难找到需要的信息，反而降低了工作效率。

077

对于经历过成功的人来说丢掉过去是件很难做到的事。 但是因成功招致灾难的事例，看看泡沫经济崩溃后的日本就一目了然了。 让我们丢掉过去，开始新的挑战吧！

图 3-15　果断地丢弃

●总是无法割舍过去的话
⇒不会有新的事、物、想法的产生
⇒落后于时代发展，跟不上时代脚步

●鼓起勇气丢掉过去
物品或信息都有有效期

一点建议　在时代变化日新月异的现在，过去的延长不是未来。无法丢弃过去就无法开拓未来。

078

3-14　整理的要点③——不设禁忌和例外

◆不找不想丢弃的借口

一进行整理就会有各种无法丢弃的借口或障碍。 因为这是客户存放在这里的；因为这是公司创始人的纪念品；因为这是我公司的荣誉产品；因为这是公司经营困难时期排除万难购买的设备等种种借口都会冒出来。 如此一来能丢弃的物品就没有了。 珍惜物品并不是指将它们一直保存着。 保存不需要的物品，相应地就无法珍惜必要的物品了。

在整理的环节中不能设置禁忌或例外。"不能丢弃的借口"其实就是"不想丢弃的借口"。 不断丢弃无用之物是需要勇气的，同时这对整理来说也是不可或缺的。

◆基本上没有不能丢弃之物

法律规定的保管期限之内的资料、现在生产用的生产资料（设备、模具、夹具、零部件）当然不能丢弃。但是不能丢弃的物品绝对占少数。 即便是客户寄存的物品，可能本人都已经忘记寄存这件事。 如果觉得还能用却扔掉的做法太可惜，将其转送给需要的公司即可。 这样既不需要花处理费，也能让别的公司继续使用，丢弃的罪恶感也就减轻不少。 不断丢弃无用之物后剩下的就是本公司具有核心力的物品了，好好珍惜它们就可以了。 首先从在自家丢弃物品开始做起吧。

● 哪怕设置一个"禁忌"或"例外"的话

⇒禁忌、例外就会不断增加

⇒最终什么也丢弃不了

除去绝对不能丢弃的物品（法定的账目发票类、现在生产正在使用的设备或材料等），可以认为所有物品都可以丢弃。

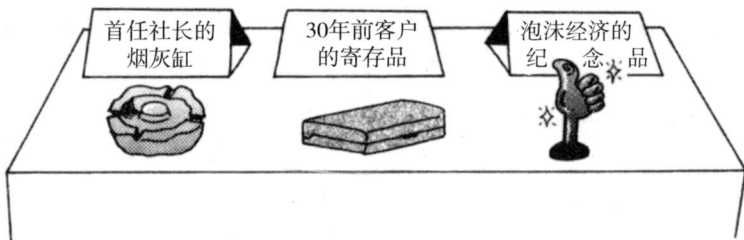

图 3-16　不想丢弃的物品

如果认同一个例外的话，就会不断有新的例外产生。除绝对不能丢弃的物品（法律规定的物品、现在正在使用的生产资料等）之外，其他都可以丢弃。

3-15 避免产生无用之物的努力至关重要

丢弃无用之物也就是说，如果没有无用之物就不用丢弃了。那么为什么会产生无用之物呢？

目前用不到的物品，也可以将其分为如下几类。

1. 起初是需要的，但随着时间的推移已经用不到的物品

● 出现故障无法修理的设备；

● 因产品的更新换代而闲置的金属零件；

● 因设计变更等而闲置的零部件材料等。

2. 最初需要，现在也需要，但由于购买太多，够几年使用的库存量

● 因为大量购买价格便宜，明知不需要却购买的部件；

● 按照原生产计划购入的，但销售计划却大幅下调，结果多余出来的零部件材料。

3. 最初就不需要错误购买的物品

● 所谓的冲动购物（比如以为会用到而购买，最终却用不到的电脑软件等）。

4. 稍作努力就可以丢弃的物品，结果却因放任不管而产生的无用之物

● 因礼品包装而产生的报纸、塑料袋、硬纸盒等。

当然还有很多没有列举，上述的几类物品在事前或事后稍加努力的话就可以避免产生。 努力避免无用之物的产生也是整理环节中非常重要的。

①不买没用的东西

这是最新款的订书机

1个就足够了

②设备或模具尽量做到可以多用

六角形模具专用

③材料或零部件尽可能标准化
　即使产品更新换代了也可以继续使用

④一开始就不要进行以丢弃为前提的设计
　（纸包装⇒能反复使用的置物盒）

这是会议的资料！

图 3-17　避免产生无用之物

一点建议

如果能不断进行丢弃的话，就能够思考为什么非扔不可。如果明白了丢弃的理由的话，就会开始想办法减少丢弃了。

专栏　大家一起快乐地清扫

　　室颜产业株式会社是生产吹风成形设备的中坚企业。 5S 在该公司得到彻底实行，多台成形机井然有序地排列，工厂内外十分整洁。 每月进行定期清扫自不用说，该公司还将每月第一个周六的半天定为 "5S 日"，全体职员一同学习和实践 5S。 因为是三班倒作业，所以平时不可能将机器关掉进行大规模的打扫，所以每月一次的清扫日就非常重要。 包括社长在内的全体员工一起快乐地进行清扫的情景非常令人感动，设备和办公楼总是闪亮如新。 下面简单介绍一下该公司 5S 的特征。

图 3-18　清扫情景

图 3-19 5S 研修会

1. 将每月第一个周六的半天定为"5S日"，用来学习和实践5S（包括社长在内全体员工都参加实践）。

2. 全体设备操作工（包括年轻女性）将设备的内部包括看不见的地方，彻底地进行清扫。

3. 为了便于清扫，尽量避免在地板上布线、布管。

4. 除了生产现场之外，办公室、食堂、会议室、工厂外围都要彻底打扫。

5. 将导管制成的置物小车，灵活运用于模具、工具和备品的整理归类。

6. 从5S开始向下一个步骤推移，导入JIT生产模式（一种在多品种小批量混合生产条件下高质量、低消耗的生产方式。——编者注）。

第 4 章
第 3 步：清扫

4-1 何谓"清扫"

◆整理结束后立即进行清扫

整理的下一步就是清扫。 整理之后，不要的物品没有了，空间就腾出来了。 长期保存这些物品的场地多数也会变脏。 因此在整理后进行清扫是很重要的。

那么"清扫"到底是指什么？ 我想没有人不知道清扫的意思。 清扫就是扫除，或者是清理干净之意。"清扫"的"清"字是指，用水使物品变得郁郁葱葱的意思，即擦拭之意。"清扫"的"扫"是"手"旁加上"彐"字，即打扫的意思。 擦拭再打扫就是清扫的意思。

◆清扫的内容十分深奥

清扫只进行擦拭扫除就可以了吗？ 用脏的抹布去擦桌子的话桌子反而会更脏。 方形角落的地方用画圆的方式扫除的话，四个角落里就会留下垃圾。 所谓的清扫是指，将附着在基准面上的污垢进行分离，并将其集中在一起。 清扫的标准是时常保持基准面的清洁，或者保持

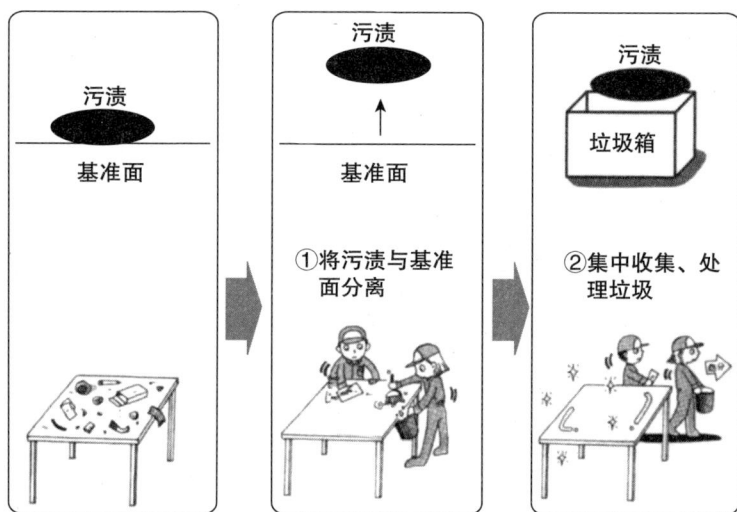

图4-1 清扫的构成

● "基准面"指的是，桌子、地板、墙壁、设备、架子、零部件等视线范围内的一切物品

一点建议 所谓清扫就是将附着在基准面上的污渍清除掉。诀窍是时常保持物品如新的状态。

086

如新的状态。 那么什么是基准面呢？ 桌子、地板、墙壁、设备、置物架、零部件等凡是能看得见的地方都可以认为是基准面。 那么污渍是指什么呢？ 灰尘、垃圾、粉尘、油渍、斑痕、污垢等这些崭新的物品上不会有的一切。 胶带或透明胶带时间久了就不容易撕掉了，这是因为粘合力变强了，这一点之后我再进行说明。 清扫的要点就在于趁着污渍容易剥离的时候将其去除掉。

4-2　为什么清扫是必要的

那么为什么说清扫是必要的呢？ 试想一下不进行清扫的后果可能更容易理解。 请您想象一下，如果一个工厂从不进行清扫将会变成什么样子，恐怕会变成下述的状况：

1. 地板上全是油渍、垃圾、粉尘

⇒人会滑倒而受伤

2. 产品和零部件沾满灰尘或垃圾

⇒就这样进入市场销售肯定会被顾客投诉

3. 作业人员吸入灰尘或垃圾

⇒危害健康而导致生病

4. 生产设备因进入灰尘或垃圾而产生故障

⇒生产停滞

5. 生产工具变脏，变得不易操纵

⇒生产效率降低

① 环境恶化

② 事 故

③ 投诉（质量不好）
新买的车
是脏的

④ 危害健康（生病）

⑤ 故障（设备故障）

这些都是生产现场的致命伤

图 4-2　不清扫的危害

一点建议

如果不清扫的话，就会出现 5 大危害。环境恶化、事故、投诉、
危害健康、故障这 5 大危害中的任何一个都会给生产现场带来重大
打击。

6. 给来参观的客户留下不良印象

⇒有可能还会被取消订单

除此之外还有很多缺点。 如果不进行清扫，安全就
不能得到保障；作业环境恶化，卫生状况也得不到保障；
产品质量下降，投诉也不可避免；设备故障或作业速度降
低，会导致生产效率降低，成本提高；给客户留下不良印
象而导致订单被取消的话，销售额就会降低。 日常生活
亦是如此。 脏乱的餐厅是不会有客人愿意光顾的。 餐桌
上满是灰尘、虫子乱爬的饭店是生存不下去的。

4-3 确定清扫的场所

◆清扫首先从生产现场开始

马上就要开始清扫了。 那么到底应该清扫哪里才好
呢？ 每处地方都进行清扫是基本常识，但首先确定清扫
的重点也是方法之一。 那么重点在什么地方？

首先，作业者身处的环境很重要。 因为那里除人以
外，还集中了所有的资源（设备、建材、夹具、账单票据
等等）。

反之生产现场如果脏乱的话，那么所有的地方都会
变得脏乱。 加工或组装的产品最终要被交到客户手中。
也就是说，即使是在生产制作过程中，也必须把产品看
作客户本身。 不能将客户置于脏乱的生产现场。

089

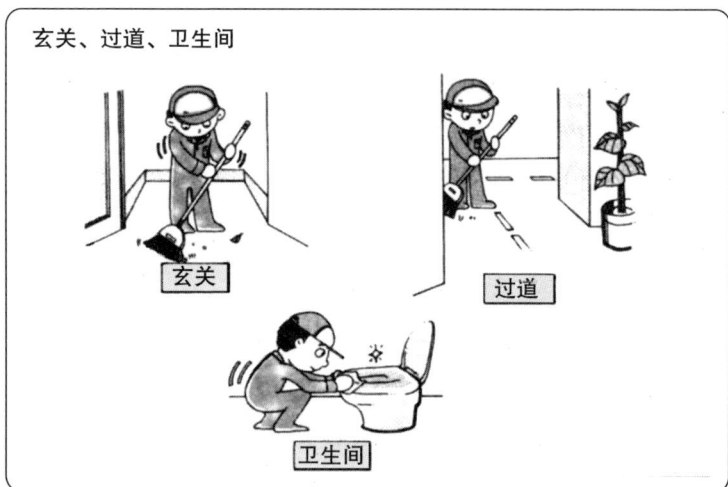

图 4-3 清扫的重点

再小的地方都不能忽视。焕然一新的工作环境必然会带来诸多成果。

◆抓住客户的心

生产现场变整洁的话，其周边环境也会一点点地变干净。 好不容易变干净的生产现场由于下一道工序（比如出货的地方等）而变脏的话，产品就会再次被污染。抑或生产现场周围的环境或前面的操作流程变脏的话，污渍就会不断侵袭，不管把生产现场清扫得多么干净也维持不了多久。

话虽如此，可是把所有的地方一次性地清扫干净是需要相当大的努力的。 如果在下定决心的同时就失去了勇气什么也没干成的话，就将一无所获。 确定需要清扫的地方再一点点做下去，似乎很花时间却是比较切实的方法。

考虑到客户的因素，玄关、过道、卫生间的清洁也十分重要。 这些地方变干净了，才能感动客户，抓住他们的心。

4-4　确定清扫的对象

清扫的场所确定下来了，下一步就是确定清扫的对象。 比起"确定"，用"明确"这个词恐怕会更好。 因为清扫场所的所有物品都是清扫对象。 之前已经说明了，所谓清扫就是将污渍从基准面分离开来。 也就是说，基准面就是清扫的对象。

在生产现场有很多基准面，并且污渍的种类也很多。所谓清扫就是污渍和基准面的分离，也就是保持焕然一新的状态。那么我们来思考一下具体有哪些基准面，那些地方又会附有什么样的污渍。

1. 地板

地板上可能会附有灰尘、垃圾、油渍、粉尘、泥土、落叶、沙石、零件、线头等各种各样的污渍，具体因生产内容的不同而不同。理想状态是保持地板洁净，洁净到能够穿白色袜子在地板上行走。

2. 操作台

与地板一样会附着各种各样的污渍。因为操作台上要放置产品并进行加工、安装或者检查等工序，污渍会直接粘附在产品上面。因此保持操作台的洁净对于产品的品质维护是必不可缺的。

3. 设备

设备的污渍是造成故障的原因。而且设备脏了会看不见仪表等，从而会延误故障检修。

4. 墙壁、玻璃窗、天花板等

基准面还有很多。在看不见的地方容易堆积垃圾，因此需要特别注意。

地板
达到可以穿白色袜子
行走的程度

操作台
产品不可以粘上污渍

设备
不人为造成设备故障

墙壁·窗户
玻璃·天花板
保持如新的状态

图 4-4　基准面的清洁程度

● **视线所及之处都是基准面（=清扫的对象）**

地板、设备、操作台、架子、推车、墙壁、天花板、窗户、照明器具等全都需要保持常新的状态。

就算穿白衬衫也不会脏、就算穿白袜子走也没关系，现场应该以这样的洁净程度为奋斗目标。

一点建议

保持清洁，做到穿白袜子走在上面也毫不担心的程度。而且对象是所有场所。

093

4-5 明确由谁进行清扫

清扫会由专人进行，也有公司会另外请人进行清扫。但是大部分都是自己来做。之前提到清扫的优点有很多，并且都是很重要的。而受益者也都是自己。

一般来说，自己工作的区域需要自己进行清扫。不过对食堂、卫生间、过道之类的公共区域轮流进行清扫也十分重要。轮流制需要明示今天或本周的清扫负责人。这似乎会成为一种压力，但是直接写出负责人的姓名也会激发责任感，这是明示的优点。

那么自己打扫到底好不好？有如下理由。

1. 能够进行工作的准备

一边清扫一边进行工作的准备，边清扫也可以边考虑今天工作的安排计划。整洁的工作环境能使人精神振奋，不仅是物质上的准备，也能做好心理上的准备。

2. 通过清扫使人干劲十足

进行扫除让身体动起来，使人干劲十足。

3. 能够及时检查设备

通过设备的清扫可以达到检查设备的目的。

4. 更加让人珍惜劳动成果

自己亲手打扫过的地方一定会努力保持清洁的。

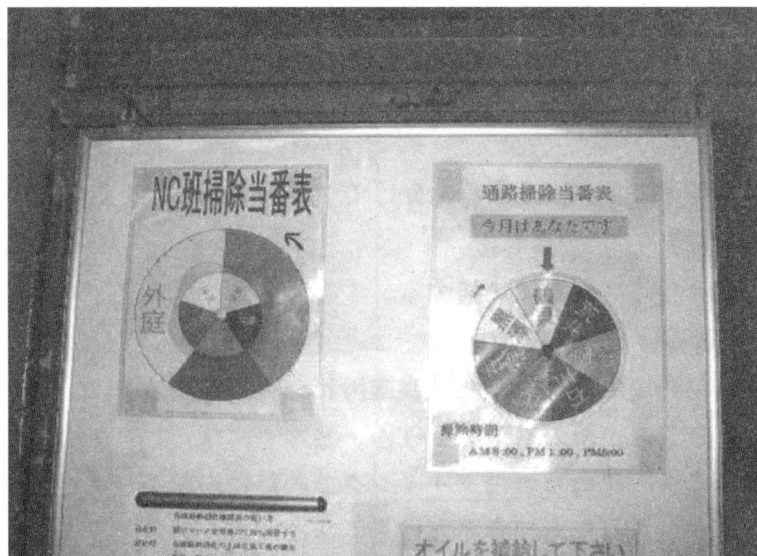

图 4-5 扫除轮班表

注：自己使用的设备自不用说，过道和工厂外部也应轮流进行清扫。

一点建议 清扫能够产生能量。整洁会令人充满干劲。扫除对工作来说是重要的头道工序。

095

4-6　确定何时进行清扫

清扫的时间定在什么时候好呢？　比如工作开始前或结束后，我想很多公司都会规定一个固定清扫时间。

清扫的时间大致可分为如下两种：

1. 定期清扫

在规定的时间必须清扫。

2. 不定期清扫

没有固定的时间规定，只要污渍达到一定程度就进行清扫。

那么哪种才好呢？　一般来说二者组合起来是比较好的。　在规定的时间进行定期清扫的重要性众所周知，但一有污渍就立即清扫的也非常重要。　如果只是定期清扫的话，意外产生的污渍就被搁置到下次清扫的时间了。　如果油滴落到地板上，人就容易滑倒，这是十分危险的，并且在有火花的地方还可能会引起火灾。总之随时清扫是很有必要的。

在理发店一个顾客理完发之后肯定要立即进行清扫。　如果不清扫的话会怎么样？　有油渍的头发大量散落在地板上，人就容易滑倒很危险。　而且椅子上或剪刀、梳子上粘有别人的头发的话会让人觉得不干净，因此每次理完发后进行清扫是基本常识。　餐厅也是如此。餐桌和餐椅的清扫也是在每桌客人离开后必须进行的。

日语中有"大扫除"这个词，意思是彻底打扫。 而日常生活中小扫除也是很必要的。

● 清扫的时机越早越好

脏了的话要立即清扫

经常保持整洁，清扫也会变得轻松

● 对污渍的清扫至少保证每天有一个固定时间来进行

养成勤打扫的习惯，
不让污渍堆积
（定期清扫）

● 巧妙将定期扫除和
不定期扫除结合起
来，实施"小扫除"

图 4-6 清扫的时机

将"大扫除"从人生字典里去掉。要养成只要脏了就进行"小扫除"的习惯。清扫的时机越早越好。

一点建议

097

4-7　清扫的方法①——区分污渍的种类和程度

◆动脑筋进行清扫

所谓清扫，是指将污渍从基准面分离开来。 那么如何进行分离呢？ 实际上，根据基准面和污渍的种类或附着强度的不同，清扫方法也不尽相同。 不仅需要花时间进行清扫，更需要根据污渍和附着程度的差异去想办法。 这样花很少的时间也能清扫干净。 此外，一般来说污渍的附着程度是随着时间的推移越来越强的。 因此脏了立即进行清扫的话就能比较轻松地清扫干净。 家里煤气灶上的罩子，如果每天进行清扫的话油垢也会很轻松地去除，但是长时间不清扫的话油垢就会粘在上面，需要费很大的力气才能去掉。 卫生间也是一样，每天都清扫的话用水冲一冲污渍就能去掉，长时间不清扫的话即使用清洗剂也很难去除污垢。

◆脏了立即清扫的话扫除也会变轻松

污渍的附着程度比较弱的话，只要进行简单的清扫就可以将污渍和基准面分离。 清扫落在地板上的灰尘或垃圾就属此类。 如果污渍的附着力稍微变强的话就需要用拖把或抹布使劲擦。 油垢的清除方法就属此类。 如果污渍的附着能力比上述情况还要厉害的话，去除它们就要费点工夫了。 光靠擦拭是去除不掉的，必须要用刷子刷或铲刀去铲了。 改变性状的油、黏合剂、胶带的印迹等就属此类。 因此尽早清除尤为重要。

第一阶段：较弱程度

灰尘

垃圾

第二阶段：中等程度

油污

第三阶段：较强程度

改变性状的油　黏合剂　胶带

图 4-7　污渍的分类

● **污渍与基准面的附着程度是随着时间的推移越来越强的**

⇒脏了立即清除的话会很轻松地去掉

注：随着时间的推移，清除污渍需要工具或清洁剂。

扫除花费的时间、劳力、费用也会逐渐变大。

一点建议　立即扫除的话，短时间内就能变干净，也不需要使劲去刷。用于清洁工具或清洁剂的费用也不会增加。

4-8 清扫的方法②——看不见的地方也要清扫干净

◆看不见的地方容易堆积垃圾

看不见的地方很容易堆积垃圾。 理由是因为不显眼所以没有清扫，或者不好清扫。

看不见的地方就没有必要进行清扫吗？ 那种想法是错误的。 垃圾堆积就说明，垃圾有一天可能会跑到显眼的地方，或者有可能附着在产品或设备上。 天花板上积聚的垃圾在某个偶然的情况下掉落下来附着在产品上后果会怎么样呢？ 如果正好是食品加工厂或餐厅，后果会怎样呢？ 光是想想就让人害怕。

◆将看不见的地方清扫干净

那么我们来想一想哪些地方是看不见的，或者哪些地方容易堆积垃圾。 所谓看不见的地方是指人的视线范围之外。 首先就是高处了。 架子上面、配电盘上面、荧光灯的灯罩上、高度较高的设备上、天花板等都属此类。 再有，低矮的地方也不易被看见。 设备的下面、操作台的下面、架子的下面等属于此类。 除此之外，设备或架子的后侧或靠墙一侧也是不易被看见的。 窗户的窗框或窗帘的下面都是容易堆积垃圾的地方。 仪表或螺丝的周围等细小处属于粘上污垢不容易清除的地方。 另外不仅是工厂里面，在工厂建筑物周围也有不容易被看见的并且容易堆积垃圾的地方。

在清扫的时候，将看不见的地方可视化是很重要的。 设备周围的架子或小车，如果能够移动就将它移开，使之保持在容易清扫的状态很重要。

· 高处

· 低处

· 其他地方

图 4-8　看不见的地方也要清扫

●看不见的地方容易堆积垃圾和灰尘
⇒设法使看不见的地方也能方便进行扫除
（给置物架安装滑轮以方便移动）
⇒消除死角的话，清扫就会轻松许多
（不容易堆积垃圾和灰尘）

一点建议 灰尘和垃圾会堆积在看不见的地方。经常将看不见的地方清扫干净很重要。可能的话最好进一步消除掉卫生死角。

101

4-9　清扫的方法③——巧妙地处理垃圾

◆垃圾的处理也是清扫的要素

所谓清扫就是将污垢与基准面分离，将分离出的垃圾仔细地集中起来并送到处理垃圾的地方等一系列的操作。　将垃圾从工厂内扫到外面并不是清扫，只是将垃圾移动了位置而已。　工厂内部可能是变干净了，可工厂外面却变脏了。　所以一定要仔细地将垃圾集中倒入垃圾箱。

◆垃圾的处理要迅速

经常会看到垃圾从垃圾箱溢出来的情景。　把垃圾箱做大一点就可以了吗？　垃圾箱太大并非是好事。　倒不如小一点反而会好。　因为垃圾箱太大的话垃圾就会长期放置在生产现场。　寸土寸金的生产现场被垃圾占用空间实在可惜，而且很多垃圾堆放在那里会影响人的心情，因此不厌其烦地处理垃圾非常重要。　话虽如此，我们却很难做到频繁地将垃圾搬运到外面的垃圾焚烧工厂。　于是就将垃圾暂时堆放在室外的临时放置点。　虽说是室外，垃圾堆放处也不应太大。　不停地将垃圾从临时堆放点运往（或请人来运走）焚烧工厂或回收中心十分重要。　还有工厂内的垃圾箱或室外的垃圾堆放处也要清扫干净。　因为那些地方容易成为清扫的盲点，要加以注意。 工厂内经常能看见脏的纱布。 如果用脏纱布清扫的话反而会更脏，这一点也需注意。

图 4-9　垃圾处理的要点

调查一下垃圾的物流处理。垃圾从何地产生？被运往何地？为什么垃圾会堆积？明白这些问题的话，就能从源头减少垃圾的产生。

4-10 清扫的方法④——清扫用具的准备

一旦想要打扫的时候，能否立即进行打扫这点很重要。 手头没有清扫用具，要寻找就要花时间，这样容易使干劲全无。 并且，清扫用具不仅要在手边，还必须是能使用的用具才行。 比如难得有扫帚却因扫帚头磨损了而无法使用，或者拖把虽有却脏得无法立即使用。 还有可能是几个人一起清扫的情况，如果不准备与人数相应的清扫用具的话就会产生等待用具的人。

清扫用具准备的要点是"必要的用具、必要的数量、必要的时候"。

1. 必要的用具

指的是在工作的地方必须配备必要的清扫用具。 在产生扫帚或拖把无法扫除的细小碎屑的部门，工厂专用的吸尘器会很方便。 即使准备再多的吸尘器，如果坏了不能用的话就无济于事。 扫帚或抹布也一样，如果不能保证随时能使用的状态就毫无意义。

2. 必要的数量

考虑到一起清扫的场合，有必要准备与人数相应的清扫用具。 同样，准备过多的话也是空间的浪费。

3. 必要的时候

放在随手可得之处，任何人都能找到、想用的时候随时都能取出来，这一点也至关重要。

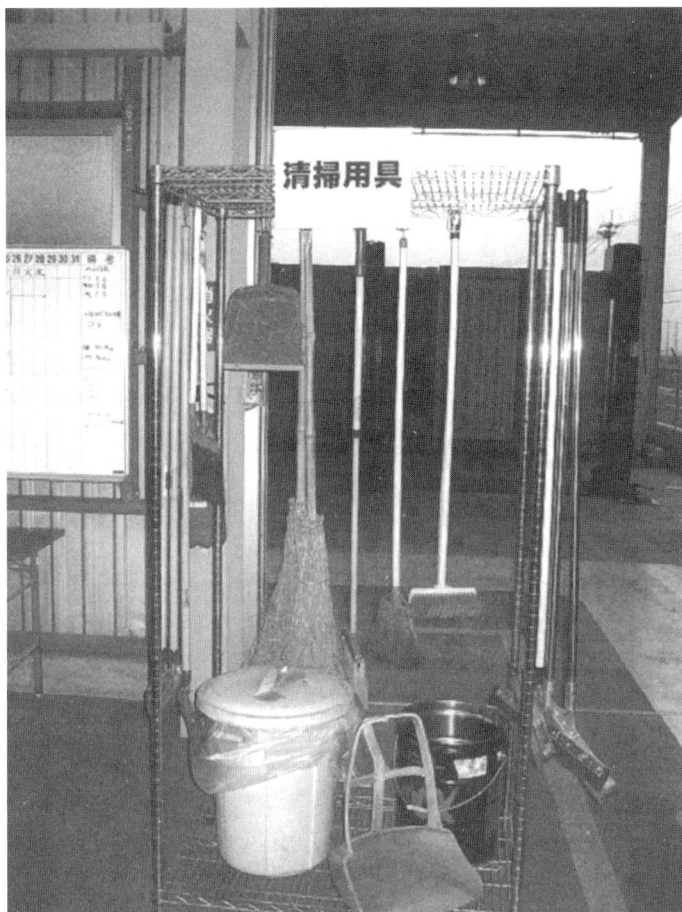

图 4-10 清扫用具

注：为了变脏后立即能够清扫，清扫用具的配备很重要。

一点建议 清扫用具的准备很重要。准备清扫的时候能立即拿出清扫用具很重要。此外清扫用具也要经常保持洁净。

105

4-11 创造出便于清扫的环境

◆对清扫环境进行整顿

在清扫环节中重要的是"创造出便于清扫的环境"。在清扫的时候必须要牢记在心的是安全的保证。

清扫过道的时候差一点就撞上铲车，或者清扫设备的时候设备突然运转起来了，如果碰到这样的情况该怎么办？ 所以要制定相应的安全对策。 清扫置物架上面等较高的地方必须使用稳当的高台或梯凳。 勉强伸手够着去清扫的话既不能确保安全也不能保证清扫的质量。设备的下面或墙角等人进不去的地方，可以在清扫用具上动脑筋，制作出能简单清除污垢的清扫用具。

有时候还需要移开设备或置物架仔细地进行清扫。因此手套、安全帽、钢盔、安全带等的使用非常必要。

◆为清扫做出改善

下面我们米考虑为清扫可以做哪些改善。 高处容易堆积垃圾，而且不好打扫。 反过来说，将高的物品搬走清扫就变得轻松了。 将高度控制在 1 300 毫米以下，就容易清扫了。 还有，移动置物架很辛苦，如果装上小脚轮使其能自由移动的话，置物架内侧和下方的打扫就会很轻松。 在地板上布线或布管的话不仅容易堆积垃圾和灰尘，而且也不方便清扫。 除安全因素外，考虑到防止软线和管道的老化，不在地板上进行布线或布管才是正

确的做法。 在靠墙、靠窗的地方设置的"田字布局"过
道，在清扫、安全和维护方面都有很大优越性。

图 4-11　不在地板上布线、布管所以容易清扫

图 4-12　田字布局能轻松进行清扫

一点建议　不要每天敷衍了事地进行清扫。要经常在清扫问题上动脑筋。如果边思考边实施的话，清扫也会变成一种乐趣。

4-12　边清扫边检查

◆清扫和检查密不可分

"清扫即检查"，我们经常这么说。 在清扫设备的时候如果能兼做设备检查的话可谓是一箭双雕。 或者可以认为检查是目的，清扫是手段。 最近的汽车故障很少，即使不进行保养也不会发生故障。 没跑太多公里数的车做车检或定期检查就能防患于未然。 再有，每次加油的时候如果请工作人员对机油、冷却水、轮胎进行简单的检查就更放心了。 但是以出租车司机为例，职业司机为了确保安全每天都必须进行车辆检查。 而且整洁干净的车也会给客人留下好印象。 可以说清扫和检查是密不可分的。

◆清扫可以防患于未然

工厂的生产现场也是专业性的。 设备能否正常运转对于安全、品质乃至生产效率都有极大影响。 仔细清扫设备经常使其保持最佳状态，与此同时边清扫边对重要项目进行检查也非常重要。 进行清扫的话就会立即发现漏油、漏水、漏气等故障。 将压力表或温度计等仪表保持在清晰可见的状态，一有异常就能立即发现。 螺丝的松动或机器的故障也能通过清扫来发现。 不过将基准事先进行量化（螺栓咬合度或仪表的正常范围等）也是发现异常的重要手段之一。

图 4-13　清扫和检查

● 清扫即检查

● 清扫即保全

⇒通过清扫能够发现异常并立即排除

⇒可以制定防止再发生的对策并实施

一点建议　清扫即检查。但又不仅仅是检查，从可以事前预防故障这一点来说，清扫又是保全。

109

4-13 设法保持清洁

◆保持清洁也是清扫的重要环节

为了使清扫变得轻松，变脏了就要立即清扫。 但更好的办法是，尽可能地做到不清扫也可以保持清洁状态。 也就是说，要设法尽量不让污渍粘在基准面上，这可以称作清扫的预防。 任何事都是如此，比起问题发生了再去解决，肯定不如一开始就防患于未然。"火灾要在火势尚小的时候扑灭"，即起火初期的灭火至关重要，这是谁都知道的常识。 相信绝大部分的人都认为火灾的预防是最重要的。

◆想办法保持清洁

清扫也是一样。 变脏了或者弄脏了必须要清扫。不脏的话就不需要清扫了。 比起尽力去清扫，不如尽力保持清洁。 但是事情并没有那么简单，这点从清扫并没有从世上消失，或者还在增加就能简单了解。 生产设备散落的粉尘会落在地板上，如果能预防散落，至少地板的清扫可以省去不做。 行驶在工厂外的铲车轮胎会把泥土带进工厂内。 将工厂内外的铲车分开的话，泥土就不会被带进工厂内了。 穿着粘有油渍的鞋子在工厂内来回走的话油渍就会扩散。 要么减少油渍的产生，要么换掉

粘有油渍的鞋子，这样油渍就不会扩散了。 快乐地一点
一点去改善吧。

图 4-14　设法保持清洁

注：为了不使分解汽车时产生的污渍扩散，该公司制作出了放在待分解汽
车下面、能用铲车简单移动的分解操作台。现在日本全国的汽车分解行业
都采用了这种方法。

一点建议　垃圾不扩散的话，清扫也会轻松许多。让清扫变容易的最佳办法就
是，尽量保持清洁，达到不清扫也可以的程度。

专栏　从 5S 到"看板方式"的导入

在专业生产齿轮的菊地齿轮株式会社，5S 活动得到了进一步深化，现在已经发展到导入看板方式的阶段。

该公司因为 5S 的导入清理了废物，利用导管制作小车提高了清扫、整顿的水平。 通过定期的 5S 巡视，切实保证了 5S 的实施水平。 但是公司的库存积压却一直没有减少。

某天该公司发现生产过程中的半成品很多。 在不给客户添麻烦的情况下如何减少半成品的库存呢？ 经过再三考虑后，他们决定导入看板方式。 看板方式导入的关键在于，虽说是多品种少数量生产，但该公司的产品具有一定的重复性，并且主要产品的平均化水平较高。 由

图 4-15　田字布局

于利用了作为生产信息交换平台的看板，生产过程中的
半成品很快就大幅减少。 当然也不会给客户添麻烦。

图 4-16　看板

　　该公司还导入了田字布局模式。 一般来说为了节约
空间，会在靠墙的地方摆放置物架或办公桌。 但是靠墙
放置物品的话内侧就看不见了，容易堆积垃圾或灰尘，
而且也不好扫除。 并且，靠窗边的话会妨碍采光或窗户
的开关。 因此将靠墙的一侧设为过道（因为像田字，所
以称"田字布局"）的话，靠墙壁一侧看起来很整洁，与
此同时设备的内侧也能清扫得很干净了。

113

第 5 章
第 4 步：整顿

5-1 何谓"整顿"

◆能进行整顿的企业就是优秀企业

清扫的下一步就是整顿。 整顿如果做得好的话，就可以跻身优秀企业之列，也因如此整顿的难度很大。

那么什么是整顿呢？"整理"和"整顿"这两个词我们从孩童时期就经常听到。 经常会被父母或老师提醒"要进行整理整顿"。 但是与"整理"一样，真正理解5S中"整顿"含义的人也并不多。 其中好像也有将"整理整顿"作为一个词来理解的人。 工厂里经常会悬挂"安全第一"的标语，与之相提并论的就是"整理整顿"的标语了。 而事实上那些标语往往只是寂寞地悬挂在那里而已。

● 能够立即取出
⇒固定的物品要放在固定的地方

工具

扳手

● 使用后立即物归原处

工具类　　类似工具类　　非工具类

图 5-1　整顿的基本要点

一点建议

电脑的键盘可以进行盲打是因为键盘上的每个键都是在固定位置的。
因此整顿的要诀就是首先确定位置。

◆何谓整顿

"整顿"的"顿"字有"突然的、迅速的"之意。"整顿"的意思是，使其保持随时能够立即取出的状态。"立即"是要点。 不是特定的人，而是任何人都能立即取出，这一点很重要。 为了能够立即取出，需要动脑筋想办法。 整顿之所以快乐是因为能够得到改善。 而在能够立即取出的同时，确保能立即放回原处也很重要。 经常有人说整顿进行不下去的原因多在于没能把物品回归原处。 在本章中，将对如何顺利推进整顿进行说明。 在整顿的问题上必须注意的还有安全。 无论能够多么迅速地取出，如果牺牲了安全的话就毫无意义。

5-2 为什么整顿是必要的

那么为什么说整顿是必要的呢？ 我们来考虑一下如果不进行整顿后果将会怎样。

1. 不知道物品放在何处

⇒作为结果，经常要到处寻找。 比起加工或组装，"寻找"反而浪费了更多的时间。

2. 物品的错拿

⇒不知道物品放在何处，就有可能错拿较相似的物品。 其结果会导致产品质量的下降。

117

- 不知道什么东西在哪里

- 产生错拿、错取

- 需要寻找，令人急躁

- 操作中断，造成交货推迟

- 产生不良品

图 5-2 不整顿的后果

一点建议 不进行整顿的话必然需要花工夫进行寻找。寻找不仅花费时间、令人急躁、导致操作中断，还有可能造成拿错或取错的后果。

3. 急躁不安

⇒找不到想找的物品人就会急躁。 从而会造成精神压力，影响生产注意力，安全和产品质量也让人担心。

4. 操作中断

⇒在怎么找也找不到的情况下， 就必须调配新的物品。 其结果将导致操作中断，影响下一步工序。 最终可能会给客户带来困扰。

此外还会有很多其他的状况。 不管怎么说，不进行整顿的话，就会对安全、品质、交货期、效率等各方面产生不良影响。

能把整顿工作切实做好的企业就是优秀企业，这一点您也会赞同吧。

5-3 明确整顿的对象

那么整顿的对象是什么呢？ 当然最终的对象都是物品，但由于整顿需要动脑筋想办法，要花一些时间，因此有必要边考虑轻重缓急边进行整顿。 整顿的对象如下：

1. 首先要在整理、清扫完成的基础上进行

整理工作不结束的话，整顿不要的物品也毫无效果。 而如果把清扫延迟进行的话，清扫会难以展开，或者会变得麻烦，其结果就是不能彻底进行清扫。

119

2. 寻找起来费时费力的物品

整顿就是为了能够立即取出。现在要花很多时间去寻找的物品，通过整顿就会得到明显改善，所以要优先考虑执行。

图 5-3　整顿的对象

● **整顿之前如果不进行整理的话**

⇒会将没用的物品摆放在其中（毫无意义）

● **整理的优先顺序**

花时间寻找的物品、在安全方面需要注意的物品、容易拿错的物品

一点建议　整理不需要的物品（原本就该丢掉的物品）毫无意义。并且会妨碍寻找有用的物品、占用空间。

3. 在品质方面有待加强的物品

有些物品虽然不需要花太多时间寻找，但稍不注意就会拿错。 在生产过程中发现问题倒也无妨，但如果产品流到客户手中就会出现质量投诉，影响公司的信誉。 万一发生事故的话将带来重大社会影响，危及公司的生存。

4. 存在安全隐患的物品

超重、超长、锋利的物品在安全上存在隐患，必须优先进行整顿。

5-4　由谁来进行整顿

◆整顿应当自己来做

与清扫一样，从整顿工作中受益最大的就是自己了。 所以整顿应该由自己来实施。 但事实上，在生产现场很难抽时间去做这些改善。 有时候虽然想出了办法，但却没有实施的本领。 这种时候就向专业人士求助吧！

如果整顿不是由自己而是由别人去做，结果会是怎样？ 最熟悉生产现场的是自己，如果随便让别人去进行整顿，反而会更加混乱。 具体办法在后面的章节会详尽叙述。"整顿"和"摆放整齐"的意思完全不一样。 仅仅外观看上去整洁是毫无意义的。 能够将需要的物品准确且迅速地取出来才是最重要的。 话虽如此，也并非意味着外观上不必讲究。 外观整洁当然会更好。

图 5-4　应当亲自进行整顿

●如果不是自己进行整顿的话

①持续不了多久（因为变成了别人的事）；

②无法得到改善（因为没有自己的想法）；

③不会快乐（因为成了强制性的）。

●对物品的整顿只有自己知道就可以了吗？

⇒休息或出差的时候就不好办了；

⇒整顿的诀窍是要做到让任何人都明白。

一点建议　请别人做的整顿或者勉强去做的整顿持续不了多久。整顿不是自己亲自去做就毫无意义。自己做的话有利于维持和改善。

122

◆做到任何人都能够一目了然

乍一看虽然很乱，但也有人会立即知道哪个物品放在哪里。 的确，让使用的人自身明白什么物品放在哪里是整顿的基本条件。 正因为如此整顿需要亲力亲为。 但只有本人知道就可以了吗？ 当然不是。 如果本人休假或与其他人换班的话，就会影响工作。 整顿不仅是责任人一个人知道就可以了，所有相关人员都必须清楚，能做到立即取出，也就是说要信息公开。 这需要动脑筋想办法。

5-5 何时进行整顿

整顿需要由自己来完成，而且不光只是自己知道就可以的，整顿需要所有人都知道物品的位置。

那么，整顿应当什么时候实施呢？ 整顿与整理、清扫略有不同。 整理是将不用的物品丢掉就可以了。 清扫只要扫除干净就完成了。 但是整顿是永无止境的，或者说整顿之后的工作很重要，即是否善于利用整顿的结果。简单的整顿倒还好说，渐渐推进到复杂阶段后整顿一次是不够的，需要边进行整顿边重新修订整顿的方法。

整顿从考虑到真正实施阶段，想办法或准备工作需要花费很多时间。 而且实施之后的追踪和改善也很费时。所以整顿绝不止实施这么简单。 整顿的具体步骤如下：

1. 决定整顿的对象；

123

●整顿的顺序

```
┌─────────────────────┐
│    决定整顿的对象    │
└─────────────────────┘
          ↓
┌─────────────────────┐
│    考虑整顿的办法    │
└─────────────────────┘
          ↓
┌─────────────────────┐
│    为整顿做准备      │
└─────────────────────┘
          ↓
┌─────────────────────┐
│      实施整顿        │
└─────────────────────┘
          ↓
┌─────────────────────┐
│    整顿后的追踪      │
└─────────────────────┘
          ↓
┌─────────────────────┐
│    反思、整改        │
└─────────────────────┘
```

有好主意了！
赶紧先记下来！

整顿笔记

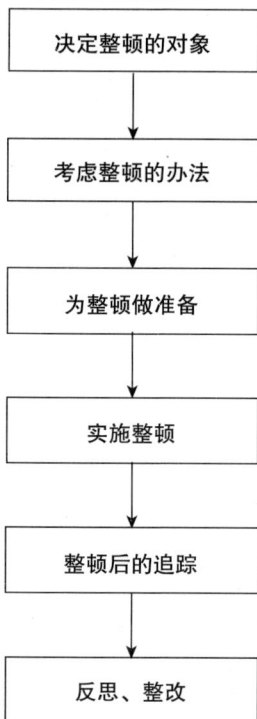

●整顿笔记的优点：

①不会忘记；
②思路变得清晰；
③可能会想出更好的主意。

图 5-5　经常整顿

●整顿就是动脑筋想办法

　经常思考，一有好的主意就立即记下来。

一点建议　整顿颇具难度，正因为如此也可以说过程很快乐。经常随身携带整顿笔记，一有好主意就先记下来以防忘记。

2. 考虑如何进行整顿；

3. 为整顿做准备工作；

4. 实施整顿；

5. 整顿后的追踪工作；

6. 发现问题进行整改。

可以认为整顿需要时时刻刻去实施。 思考或拜托他人也是整顿的行为之一。 要时刻不忘"整顿"二字。

5-6 "整顿"与"排列"的区别

5S 中没有"排列"一词，但是"排列"这种思路很重要。 在清扫之后，整顿之前，加入"排列"的步骤有时会很奏效。 那么"排列"到底是指什么？ 与"整顿"相比又有什么不同？ 其实排列和整顿截然不同。

"整顿"是指做到能够立即取出，"排列"是指整齐地排列起来。 那么何谓整齐？ 即按平行直角的规则正确地去排列。 比方说京都的街道，人们经常用"棋盘式排列"来形容它的整齐划一。

◆排列不仅仅是"排列"

排列在整理之前实施的话会毫无意义，做好排列之后不去进行整顿也是不对的。 原则上对"排列"的定位是整理工作结束之后，清扫与整顿中间的步骤。 当然跳过排列这个步骤，直接从清扫阶段过渡到整顿也可以，但整顿工作难度大、内涵丰富，有可能在清扫之后的很长一段时间内都看不见外观上的任何变化，因此需要进行排列。排列容易被理解为单纯的摆放整齐，实际上仅是排列就有诸多效果。 首先是安全。 排列后过道清晰可见，安全级别得以提高。 而且按平行直角进行排列，空间利用率也会提高。 当然从外观上看也会赏心悦目。 工作人员的心情得以改观的话，对接下来的整顿就更有干劲了。

图 5-6　所谓排列

● 整顿与排列大不相同
　排列是将物品整齐地（按平行直角）摆放，
　但并不能做到立即取出。
● 排列的优点
　① 确保安全；
　② 提高空间利用率；
　③ 生产环境和外观得以改善。
● 作为从清扫向整顿的一个过渡，排列的意义重大

按平行直角排列的优点在于安全（不会碰到角）、空间利用率高、看起来舒服等等。排列这一步不可省去。

一点建议

5-7 整顿的方法① ——树立典型，尝试实施

◆整顿水平需要不断提高

对象不同，整顿的方法也千差万别。 姑且不谈哪种方法最好，总之先尝试去做，这一点很重要。 因为整顿的目的是能够迅速取出想要的物品，虽谈不上要一蹴而就，但必须想到每年甚至每天都要有所进步。 田径运动员也是如此，什么不做光是等待的话是绝对无法刷新世界纪录的。 通过毫不松懈的努力和苦练才能一点点取得进步。

◆首先树立整顿的典范

全面展开整顿的话是没有尽头的，所以要从优先级别高的开始实施。 我建议树立一个整顿的典范，彻底进行改善，这样一定会有所收获，并且从中收获的经验可以水平扩展实施在其他事物上。 虽然不可能完全相同，但稍加调整一定会对后面的整顿有所帮助。

将典范进行彻底改善的话，效果会立竿见影。 有成效就会有自信，自然能向下一个目标发起挑战。 而且出了成效对周围人也能产生影响。 在食品等行业，新产品上市之前会先在特定区域进行尝试性销售。 然后进行深入研究，分析顾客提出的意见，产品加以改良后再进入正式销售阶段。 树立典范可以不费过多金钱和时间就能

127

取得一定成效。

图 5-7　发挥典范作用

●整顿工作颇具难度

⇒不是只做一次，需要树立典范

集中在某个范围内尝试会比较好。

⇒最近采用电子门卡的酒店增多了，酒店前台的钥匙保管就是整顿的一个范例。其优点是不仅要能够立即取出，对于客人的在室情况也一目了然。

一点建议　把酒店的钥匙错拿给客人的后果是很严重的，而且让客人在前台久等的话也容易引起客人的不满。好的酒店前台就是整顿的典范。

5-8　整顿的方法②——做出明确标识

◆符号要人人都懂

日常生活中很多事情都对整顿工作有启发作用，比如说交通信号灯。 单靠绿、黄、红三种简单的信号就能使人、车有条不紊地通行。 这是为什么？

首先考虑到的原因是任何人都明白信号灯颜色代表的意思；反之对信号灯颜色的理解因人而异的话，就会引起混乱。 如果同时存在认为"绿灯"表示通行的看法和认为"红灯"表示通行看法的话，在十字路口必然会发生撞车。 因此大前提是对信号颜色的理解要一致。其次重要的是，不管距离多远，不管从什么地方，任何人都能看得见。 专门设立的信号灯如果看不见的话就起不到任何作用。

◆明确标识是整顿的基本要素

工厂也是同样。 为了使任何人都能明白，标识要简明易懂。 而且要像信号灯那样，从任何地方看都一目了然。 假设信号灯不是用绿、黄、红三种颜色去表示，而是用文字（且是同种颜色的文字）"前进"、"注意"、"停止"去表示的话，后果会怎么样呢？ 想必错误判断一定会很多吧。 标识的要点是，不仅仅可以用文字，还可以活用颜色、图形、图画等，做到简单易懂、不易混淆。用文字表示的场合，文字大小要做到在距离 3 米的地方能轻松地看到才可以。 在标识方法上多下工夫吧。

129

● 门牌地址是整顿的基本

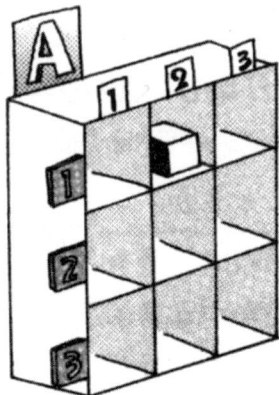

"A街道1区2号"
└→马上就能明白

● 标识要易懂、醒目

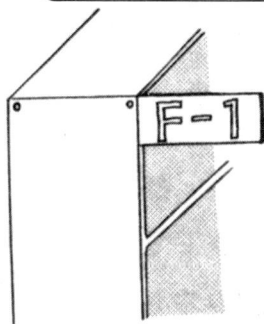

"教室的标识方式"
└→易懂

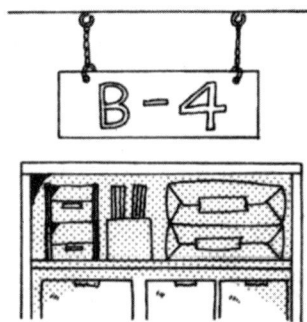

"从天花板悬挂下来"
└→没有遮挡，看得清楚

图 5-8　各种各样的标识方法

一点建议　如果没有地址的话，邮局投递或快递就很困难。

5-9 整顿的方法③——活用"好球区域"

◆容易取出是关键

整理的另一个重要因素就是容易取出。 因为这直接关系到收纳的物品能否立即取出。 那么什么才是"容易取出"呢？

即便是看见了自己想拿的物品，但因为是放置在架子的高处或深处，要取出来就很花时间。 需要脚凳的情况下，还必须要找来脚凳才行。 如果觉得搬脚凳麻烦就勉强伸手去够的话，有可能会失去平衡而受伤。 如果拿到的物品掉下来，也有可能会造成破损。 另外，如果是放到地上的物品，取的时候还必须弯腰也很麻烦。

◆重视"好球区域"

因此好球区域就成为解决问题的关键。 在棒球运动中所说的 "好球区域"是指，膝盖以上肩膀以下的区域。 在收纳问题上亦是如此。 能快速且安全地取出物品的位置就是"好球区域"。 总之将经常使用的物品，有意识地摆放在好球区域非常重要。 经常有人说把物品摆放在地板上不好，不要这么做。 其重要原因之一就是这个区域不属于好球区域。 摆在地板上不好，摆在较高置物架或矮台上面的做法也行不通，因为那个区域也不是好球区域。 如果动手制作一个带脚轮的小推车，就能

131

轻而易举地把握住好球区域。 而且还具有能够自由移动这个极大的优点。

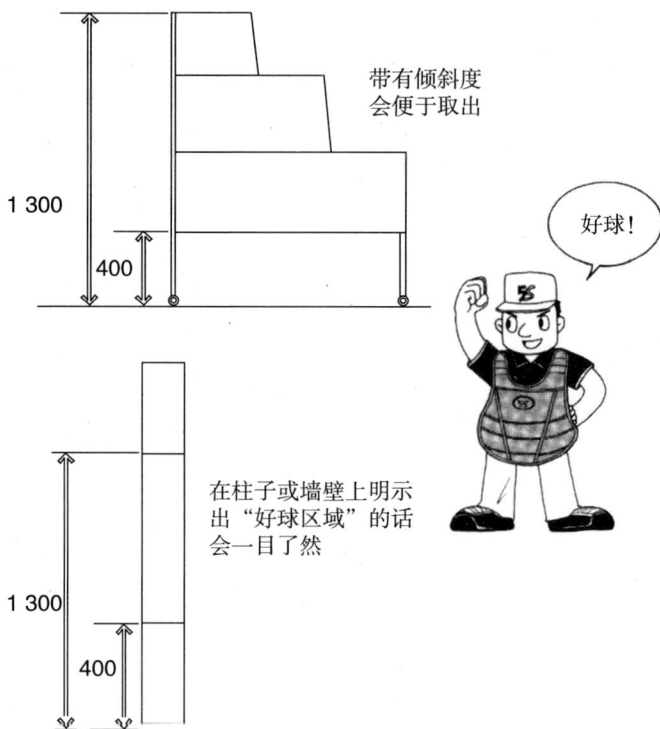

带有倾斜度会便于取出

好球！

在柱子或墙壁上明示出"好球区域"的话会一目了然

图 5-9 "好球区域"

●活用"好球区域"的优点
①安全 ②容易取出 ③视野开阔 ④确保品质

"好球区域"的范围因人而异，首先要确定好球区域（400～1 300毫米）。在柱子或墙壁上标出好球区域（上下限）是个不错的做法。

5-10 整顿的方法④——划出白线

◆物归原处很重要

在整顿环节中，物归原处很重要，因此必须明确规定物品放置的场所。 标识很重要，过道、设备、推车等物品旁需要划出白线加以明示。 我们来考虑一下交通的状况。 高速公路上如果没有行车线将会怎样？ 大家将各自行驶自己喜欢的路线，驾驶人员完全不知道是否变换了车道，这十分危险。 即使是一般的道路，如果没了中央隔离线，就有正面碰撞的危险，从而造成交通瘫痪甚至交通事故。 人行道或人行横道如果没有画线表示的话将失去意义；停车场如果没有用白线划分出车位的话，随意乱停的情况就会出现，看上去似乎自由度很高实际却扰乱了秩序，结果导致空间利用率降低，还有可能引发事故。

◆白线是有力的工具

即便在工厂也是如此。 物品应该摆放的位置不仅需要标识，还要用白线划分出来，否则就会有人随意堆放。 而且划出了白线之后，物品（比如推车）是否严格地放在了正确位置就会一目了然。 白线也可将过道和操作区域分开。 在过道上堆放物品的话，万一有什么突发

133

情况的话会很危险。 而且在搬运的过程中，必须绕开或移开它们，这样工作效率会降低。 白线神圣不可侵犯，因此必须经常保持白线的洁净，使其清晰可见。 越过白线自不待言，压住白线也是严格禁止的。

图 5-10　白线

注：该公司所有的部门都用白线标出，过道和设备的区域分割十分明确。

一点建议　棒球、网球比赛如果没有了白线，就无法进行。白线是神圣不可侵犯的，因此需要时常保持白线的洁净，使其清晰可见。

5-11　整顿的方法⑤——可视化

◆看不见就会吃苦头

在整顿环节中重要的是一目了然。 最近的常用语中有个词叫"可视化"，在整顿工作中可视化也是非常重要的思路。 回想一下您家里的电冰箱，什么物品放在哪里您能够全部回答上来吗？ 现在的冰箱分为冷藏、冷冻、零度保鲜等若干区域。 这与整顿的思路一致，缺点就是从外面无法看见。 经常使用的物品在各个家庭都有大致固定的摆放位置，所以我想寻找起来不会很费力，但是寻找不常使用的物品会很费劲吧。 特别是在冰箱塞满的情况下寻找会更加吃力。

◆可视化是整顿的关键词

即便在工厂也是如此。 如果看不见放置的地方，再怎么固定也无法立即取出。 而且看不见的话往往有胡乱堆放的倾向。 带门的储物柜因为看不见里面，就无法对内部进行整顿，整理和清扫也一定很难进行。 有些柜子因为是抽屉式的，里面装的什么从外面无法一眼就看明白。 即使在外面做了标识，但因为不了解抽屉里面的具体位置，最终还是要打开抽屉再寻找一次，有时候还会发现自己要找的物品不在抽屉里。 因此仅靠可视化一项整顿的水平就会提高。 如果没有安全方面的限制，我建

135

议您去掉抽屉、门和盖子等物，或者将其做成透明的，以实现可视化。

图 5-11　可视化（例 1）

图 5-12　可视化（例 2）

注：该工厂将所有的橱柜都改造成导管制作的推车，以此推进可视化。

一点建议　如果没有抽屉或盖子的话就能立即了解什么东西在什么地方。整顿的诀窍就在于可视。

5-12　整顿的方法⑥——便利化

如果想在日常生活中寻找整顿的灵感的话，便利店就是最好的例子。 在大约 30 坪的狭小便利店内要整齐地摆放 3 000 余种日常生活的所需商品，有以下整顿的参考意见：

1. **商品的摆放位置是固定的**

饭团、便当、三明治、熟食、点心类、奶制品、酒和杂志等要沿墙壁摆放。 通常杂志会放在靠过道（窗边）一侧。 内侧货架上的面包、速食食品、杂货、文具等也都有固定的摆放位置，就算不经常去便利店的人也能迅速找到想买的物品。 店员进行货品上架也非常轻松。

2. **好球区域**

内侧的货架高度设定在 1 300 毫米，在好球区域巧妙地摆放畅销商品。 孩子们喜欢的点心和玩具也要摆在与孩子们视线平行的较低处。

3. **可视化**

冷冻、冷藏商品和家用冰箱不一样，便利店的冰柜门是透明的从外部也能看见。 装冰淇淋的容器甚至都没有盖子，也没有抽屉。

4. **其他**

标识方法、各种商品的摆放方法、整体的布局、收银台的设置等，可以向便利店学习的内容很多。 让我们带着轻松的心情向便利店学习快乐的整顿方法吧。

137

图 5-13　便利店化（例 1）

图 5-14　便利店化（例 2）

注：这家玻璃研究所的 5S 主题公园之一就是"便利店"。其实是玻璃的染色工序，但参观者评价其比真的便利店还要像便利店。

便利店是产生整顿灵感的宝库。模仿值得模仿的地方，把自己的公司也做得像便利店那么井井有条。

5-13 整顿的方法⑦——文件、资料和文具的整顿

文件、资料还有文具的整顿往往容易被忽视。 当然首先必须要进行整理，特别是文件和资料，它们与工具或零部件不同，内容不是一目了然，这也是妨碍整顿的一个要因。 那么我们来思考一下文件、资料和文具的整顿方法。

1. 不堆积

不要堆积文件或资料。 因为要从堆积如山的文件堆里取出文件或资料是很费力的事，结果多数情况都会任其堆在那里而不去翻看它们。 应该将它们竖着放！ 文件很难竖着放，因此通过将其装入透明文件夹之类的方法来解决，总之要想办法不堆积文件。

2. 不混放

您的抽屉里没有塞满圆珠笔、订书机等文具吗？ 文具如果混在一起的话寻找起来会很费劲，而且一种文具有一个就够了。 请使用整理盒或整理板将物品各归其位。

3. 明确标识

文件或资料按照方便拿取的顺序放好的同时，最好也在背面做出标识。 使用不同颜色的标签也可以。 为了方便放回原处，在文件的书脊处画一条斜线也是常用的做法。

139

不仅是纸质的文件、资料，电脑中的资料和邮件的整理、整顿也十分重要。

图 5-15　活用整理板

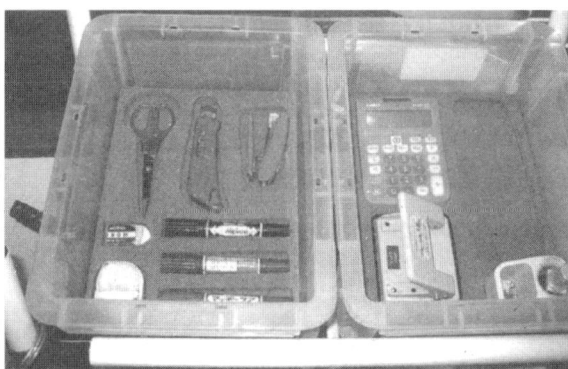

图 5-16　活用整理盒

一点建议　文件、资料、文具堆积在一起的话就找不到了（或者不想找了）。

140

专栏　令客户感动的管弦乐队工厂

　　石井机械制作所株式会社是一家生产机床、印刷机等产品的中坚企业。　通过在生产现场切实开展 5S 活动和每月实施的 5S 巡视，5S 的水平迅速得以提高，但是不久之后却在公式化的问题上碰壁了。

　　于是他们导入了"管弦乐队工厂"。　为了创建出让员工和客户感动的"管弦乐队工厂"，全公司员工都在努力。　对机械加工、焊接、涂漆、组装等能够进行一条龙生产的该公司，如果用音乐作比喻的话，就像是一个管弦乐队。　各个生产工序可以命名为小提琴团队、定音鼓团队，在致力于提高各个部分（工序）水平的同时，也要重视工厂整体（管弦乐队）的协调。

　　为了展开快乐的 5S 活动，该公司在生产设备上贴上乐器或风景的照片，在发给员工的名片上也印上各团队乐器的国画。　通过管弦乐队工厂的创建，员工的表情和

图 5-17　以管弦乐队工厂为乐

行动变得富有生气了。 员工有时会给工厂内放置的盆栽晒太阳、浇水或施肥，认真地进行培育。 此外还有将过道重新涂成鲜艳的绿色等一系列行为，冷冰冰的机械职场变得充满活力。 清洁的工作环境对员工内心的改变功不可没。

第 6 章
第 5 步：清洁

6-1　何谓"清洁"

◆清洁是对 3S 的维持

整顿的下一步是清洁。 那么什么是清洁呢?

所谓清洁就是对 3S（整理、清扫、整顿）成果的维持。 因此 3S 的完成是进入到清洁步骤的前提。 如果还没有完成 3S 或刚刚开始 3S，就没有必要进行清洁的步骤。 倒不如说应该把更多精力投入到 3S 中。 因为 3S 完成的话，清洁的水平自然就会提高。

◆清洁是 3S 的调节器

那么仅仅完成了 3S 就可以了吗? 如果切实完成了

3S，并且能维持且提高既有成果的话，自然能达到清洁的效果。 但实际上，维持 3S 本身是很困难的。 在推进 3S 的过程中，生产现场的卫生、安全、品质、效率和空间等方面都会有所改观。 但是长期维持这种成果会很困难，如果中途满足于现状的话，不要说 3S 的提高了，甚至连维持现状都很难，说不定还会回到实施 3S 之前的原状。

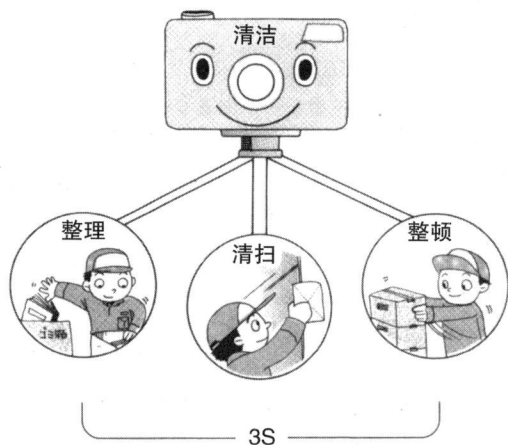

图 6-1　清洁与 3S

●所谓"清洁"
⇒清洁可以比作是放在由整理、清扫、整顿组成的三脚架上的照相机。
⇒三脚架中有一个脚长度不够，就会倾倒，照相机就不能正常发挥作用了。
⇒只有三只脚维持正常状况，放置在三脚架上的照相机才能发挥功用。

一点建议 3S 不能维持的原因多数在于做法本身有问题。可以对照检查一下有无如下情况，比如是否是被迫实施的 3S、命令型的 3S、现场人员不在场的 3S、单纯为了汇报的 3S。

于是就需要清洁这个步骤。 清洁与 3S 自身的实施方法密切相关，值得注意。 我们来以减肥为例。 勉强减肥的话会导致体力衰退，反而会危害健康。 减肥后的维持工作也很重要。 如果减肥的方法或者减肥后的护理不得当的话，会因反弹而使体重比减肥前还重，而且影响健康。 3S 与清洁的关系也是如此。 因此之后的护理非常重要。

6-2 为什么清洁是必要的

◆不能得以维持的话 3S 将功亏一篑

清洁是 3S（整理、清扫、整顿）在一定水平上已经完成的基础上才能够进行的，3S 的维持就是清洁。

如果达不到清洁的状态的话，好不容易费时费力实施的 3S 将功亏一篑。 明明是 3S 的实施方法或清洁方法不好，却把责任归结于 3S，让 3S 当替罪羊。 多番挑战却收效甚微，有时还会听到 3S 纯属浪费时间等话语。 3S 本身（特别是整顿）不能彻底实施的话，维持 3S 肯定会难上加难。 但如果能进行到清洁这一步的话，就能够成为真正的优秀企业。

◆洁净的企业是令人感动的企业

能够自觉实施 3S 的企业，不仅企业自身能保持洁净，在感动员工的同时也会感动客户。 每次拜访时都非

145

常干净的工厂会给人留下深刻印象；面对客户的询问干脆利落地进行回答，这样的工厂是真正令人感动的。 比如说看到不起眼的玻璃窗或塑料窗帘一尘不染，自来水龙头或水槽洁净如新，您能不深受感动吗？ 的确，企业不能光靠表面工作，但能够维持洁净的公司或工厂一定能调动员工的积极性，也能对社会做出贡献。 我们的奋斗目标是创建出能够快乐轻松地维持 3S 的体制，创建出能够保持清洁状态的工厂。

图 6-2　令人感动的工厂

●**洁净的工厂是令人感动的工厂**
⇒不仅仅是使工作人员感动，也能使周边居民和客户感动
⇒能将 3S（整理、清扫、整顿）维持下去的企业是非常了不起的（优秀的企业）
⇒为了维持 3S，有必要让 3S 水平再上一个台阶

一点建议　维持 3S 是很辛苦的，并非轻松之举。不断提高 3S 的水平就是维持 3S（即清洁）最好的方法。

6-3　保持清洁的对象是什么

◆所有地方都需保持清洁

那么保持清洁的对象是什么？　您应该已经知道了，对象是所有的地方。　3S 实施（整理、清扫、整顿）的对象基本是物品和书籍等，清洁的对象还要再加上人或设施。　具体地说，清洁的对象有物品、设备、信息、人、设施和空间等。　空间指的是，什么都没有的场地或空气。　不仅仅是眼睛能看见的物品，重要的是连眼睛看不见的空气也要保持清洁。

物品、设备、信息等清洁的保持在 3S 的各步骤中已经加以说明了。　那么人的情况如何呢？　在 3S 的步骤中人的角色不是 3S 的对象而是实施 3S 的操作者。　但是实际上人也是重要的资源。　好不容易变整洁的环境也会因为人的不良卫生习惯而无法维持 3S 的品质。

◆所有的工作地点都应是无尘室

生产半导体等产品的无尘室就是很好的例子。　进入不能有一点垃圾的无尘室需要更换衣服或鞋子，还需进行全身消毒。　即使是普通的生产车间，如果手或工作服不干净的话，污渍就很可能附着在产品上。

所以，应当将所有的生产现场都当做是无尘室。　对空气的洁净程度要求也是同样。　空气如果被污染的话，

147

垃圾就会随空气飞散从而很可能会附着在产品上，也会危害人的健康。 这也和清扫的程度或建筑物自身的结构、空调的过滤网等密切相关。 让我们以干净、明亮、快乐的职场为奋斗目标吧。

●**将整个工厂变为无尘室**

①没有任何废物；

②所有的地方总是干净的（没有污渍）；

③需要的东西能够立即取出。

●**所有的物品都是清洁的对象**

不仅是物，连人、设备和空气都是清洁的对象。

图 6-3 清洁空气

一点建议 假设所有的部门都是看不见一点垃圾的无尘室会怎么样？不用说工作人员了，连客户也会深受感动。让我们以无尘工厂为目标而努力吧。

6-4　由谁来保持清洁

◆任何人都需要保持清洁

那么应该由谁来保持清洁呢？　对于这点您应该已经明白了。　在清洁问题上因为自己本身就是清洁的对象，所以全体人员都应该保持清洁。

全体人员包括了全体员工，若稍稍扩大范围的话也应包括客户和供货商。　好不容易打扫干净的生产现场如果因为供货商搬运货物而将污渍带入的话，清洁就无法维持。　客户也不例外。　对于前来参观或商谈事宜的客户，有必要请他们在进入工厂之前换鞋或戴上指定的帽子。　帽子和头盔在安全层面上也尤为重要。

◆管理层要率先实施

以社长为首的管理层也是如此。　在进入工厂前当然需要穿戴干净的工作服、帽子和安全防护鞋。　为了保持公司的清洁，管理层有义务率先起到模范带头作用。　领导层如果漠不关心、毫不在乎的话，全体员工的斗志也会降低。　如果过道上有垃圾，即使是社长，不对，正因为是社长才更应该亲自捡起来。

不过在那之后，要让公司的人思考为什么垃圾会掉在那里，让他们思考对策并加以实施。

149

图6-4 全员维持清洁

●没有全体员工的实践，清洁就无法进行

⇒如果认为一个人做就可以，那么清洁就进行不下去了。

⇒不仅是工作人员，进入工厂的全体人员都必须一起维持清洁。创造出洁净的工厂环境的话，外面的人也不会弄脏了。

每个人都是清洁监督员，不能放过任何一点小垃圾。没有了无用之物，需要的物品就能立即取出来。

6-5　应在何时保持清洁

◆随时保持清洁

那么清洁该在什么时候做才好呢？ 这也是聪明的您自己的事情，想必答案已经很明确了。 那就是"时时刻刻"。 因为所谓清洁就是时常保持 3S 的状态，所以必须经常采取行动。 原本过道是不允许散落垃圾的，看到的时候立即将其拾起就达到了清洁的条件。 加油的时候如果滴落在地板上，应该当场就擦拭干净。 如果放任不管的话，不知道的人有可能会滑倒受伤。 而且看上去也很不舒服。 还有，不仅仅是油渍，所有的污渍时间越久就越难清除。 因此"时时刻刻"就是清洁的关键词。

◆无尘室和手术室

之前举了无尘室的例子。 无尘室和医院的手术室都必须时常保持清洁。 稍有微小灰尘就会对产品的合格率产生极大影响，而半导体的清洁度正是企业赖以生存的生命线。 医院里有各种各样的细菌。 没有人会想在不干净的手术室里接受手术。 还有食品工厂，由于生产的是吃进嘴里的食品，清洁的维持格外重要。 将所有的生产现场想象成无尘室、手术室和食品工厂的话，就能随时积极地维护清洁了。

151

图 6-5 时刻维持清洁

图 6-6 清洁的工厂

清洁需要时时刻刻地维持。为了能时常保持清洁的状态，必须要立即行动。

6-6 保持清洁的方法①——可视化、展示化

◆可视化是清洁的关键词

为了保持清洁，要怎样去做呢？ 在"整顿"的章节中讲述的可视化，对于清洁也同样重要。 一直在强调保持清洁，但如果不知道是否清洁就无法采取任何行动。因此全部实现可视化很重要。 无尘室或手术室因性质特殊，与其他设施相隔离，从外面是看不见的。 但是因为有小的窗户，有时从外面也可以看到。 或者有时用录像机进行录影，可以从外面了解里面的情况。 在"清扫"的章节中已经提到，污渍会堆积在看不见的地方。 而且看不见的地方也很难进行清扫。 手术室和无尘室给人感觉很宽阔也许就是因为没有废物，没有视线遮挡的地方吧。 反之看不见内容物的电冰箱就很容易变脏。

◆通过展示化使工厂变为商品陈列室

将可视化进一步推进，积极地向外界展示，就可以称之为"展示化"。 如果推进到这一步，清洁水平就会进一步提高。 可以说是将工厂变为了商品陈列室。 住宅展示区和汽车销售点都很整洁。 因为商家的目的是令客人感到满足，甚至感动，从而激发其购买意愿，而清洁的卖场一定会令人感到舒心的。 如果能将工厂内部情况主动展示给客户或附近的人们会怎样呢？ 这一定能激

153

发员工保持清洁的斗志。 展示化最终的受益者还是自己。 一起细细体味每天能在清洁的环境中工作的幸福吧。

图 6-7　将工厂变为商品陈列室

注：这是正在开展"管弦乐队工厂"的石井机械制作所株式会社的生产现场。生产机械的周围摆满了植物。而且工厂内的设备上也张贴着与音乐相关的照片。

一点建议 从可视化到展示化。可视是当然的，敢给别人看（请别人看）的勇气，与3S的进化（清洁）紧密相关。

6-7　保持清洁的方法②——保持自身的清洁

◆人也是清洁工作的对象

与 3S 不同，清洁的对象也包含了人。 保持自身的清洁成为清洁环节中的关键词。 首先给大家介绍一下十和田湖高原农场的事例。 该农场因在无尘室中养猪而成为十分罕见的农场。 因为是在无菌环境中饲养的猪，据说可以不用抗生素，安全放心且肉质美味。 作业人员要进入农场其实很费事，必须先脱掉衣服淋浴冲洗全身，之后需换上专用的无菌服方可进入农场。 将清洁做到这个地步的应该不多吧。

◆首先做好自身清洁

为什么要做到这个程度呢？ 那是因为比起猪，人类居住的环境更加的脏。 让人不要从外部带入垃圾或污垢，这一点是可以彻底实施的。 人也是生物，既会出汗也会出油，还会掉头皮屑也会掉头发，这一切都是污垢。加上穿的衣服或鞋子粘有污垢的话，那些污垢就会被带进生产现场。 因此着装清洁、洗手是最起码的条件。 需要时常留意毛巾、劳动手套、废旧纱布等是否粘有污垢。不要忘记做好身体本身的清洁，就算一个指甲不干净，污渍也会附着在产品上。 除此之外，平时经常去的地方，如休息室、食堂和卫生间等也需要保持清洁。

155

● 做好自身清洁
⇒不弄脏周围环境

设备

工具

● 人也是污渍的产生源头
⇒经常保持身体干净（沐浴、洗头、洗手）
⇒勤剪指甲

真干净！

陶醉…

● 也需穿戴干净
⇒工作服、鞋子、毛巾、手套

干净吧！

那甲
！

图 6-8　做好自身清洁

一点建议

保持自身清洁对健康也很重要。保持头发、指甲的清洁，注意洗手、漱口，还有衣服、鞋子、毛巾、帽子等的清洁程度。

6-8　保持清洁的方法③——3S 见习会/竞赛的实施

因为清洁就是 3S 成果的维持，所以实际上是难度很大的环节。 但是，比起背着思想包袱去实施，不如快乐地将其推进下去，那样会进行得更加顺利。 那么如何才能快乐地推进呢？

最好是请全体员工一起思考符合公司实际情况的推进方法。 其实考虑的过程本身也是快乐的。 下面介绍几种快乐推进的方法。

1. 开展公司内部的 3S 见习会

比如同一公司的其他部门没看过该部门 3S 的实施情况。 如果定期组织参观学习的话，就会感到被很多双眼睛盯着，给人带来积极意义上的紧张感。 与此同时，还可以获得对 3S 的启发或意见。

2. 开展公司外部的 3S 见习会

请公司内部不同部门的人参观就效果显著，那么请公司外部的人（客户、供货商、公司附近的人）来参观的话，就会更紧张了。 但如果能感动参观者，员工就能获得极大的喜悦感，从而产生巨大的动力。

3. 举办 3S 竞赛

说是竞赛，倒不如以聚会般的心情去看待为好。 相互沟通独特的使人愉快的推进方法，并相互称赞。 即便

157

方法不当领导层也不应严格扣分，这样会起反作用，有时还会大大降低员工的积极性（干劲）。

图6-9　举行见习会

●清洁需要耐心

⇒快乐推进是关键。

　　3S 参观学习会、3S 竞赛、3S 提案、3S 聚会、3S 最优秀等等，举办一些快乐的活动。

一点建议　清洁是维持 3S 的成果，所以需要耐心。如果有能够快乐、轻松地维持 3S 体制方法，就能毫不费力地坚持做下去了。

专栏 快乐开展员工素质教育

绘亚株式会社主要从事废旧汽车的回收业务。 汽车的解体与组装不同，经常会处理废车或故障车等受到污损的材料，所以会产生很多垃圾。 但自从几年前开始真正实施 5S，现在变成一个干净得让人想象不到是做回收旧车业务的公司。 在做好 5S 维持工作的同时，该公司现在正在向物流改善和生产改善等发起挑战。

该公司的出色之处在于，将 5S 进一步升华，树立了"构建资源再循环社会"这一远大志向的同时，时常用长远发展的眼光去经营公司。 此外值得特别提出的是，该公司很重视员工的成长。 全体员工在挑战目标单中填

图 6-10 实施了 5S 的工厂

159

入自己所定目标的进展情况，社长每月必定会查看此清单，进行点评后还给本人，该公司正在致力于培育有远大志向的人才。

该公司员工见面时的问候语在当地非常有名。 公司规定对客户必须大声打招呼。 而且一个操作工序结束后必须进行打扫。 清扫不仅限于公司内部，全体员工每月会实施一次公司外部的清扫。 周边的企业也受到激励，5S 的实施在一点点地扩大。 在将 5S 作为公司经营支柱的同时，又不把它强加给员工，让员工自主愉快地开展5S，可以说这就是该公司的过人之处。 员工的素质教育也就能愉快而自然地展开了。

图 6-11　社外清扫场景

第 7 章
第 6 步：素质教育

7-1 何谓"素质教育"

◆素质教育就是能遵守既定规则

马上就到最后一个步骤了。素质教育比起之前的四个步骤，范围会有所扩大，但只要踏实地完成了前面四个步骤的话，素质教育就基本完成了。素质教育被放在 5S 的最后一个步骤是因为，4S 是素质教育的基础所在。

所谓"素质教育"就是能遵守既定规则。"素质教育"在日文中的汉字是"躾"。按字面意思去解释就是，保持行为的优美。能够切实遵守既定规则的话，就是很美的人。美不仅指外表，也包含心灵。

◆4S 是素质教育的基础

如果能切实保持 4S 的话，即不要的物品要丢掉、经常清扫干净、物归原处便于随时取用。 这就是遵守既定规则的做法。

图 7-1　素质教育的含义

一点建议 对素质教育来说，珍惜人和地球上的一切这一想法是不可或缺的。客人来了要起立打招呼是因为要与客人目光交汇以示敬意。

之前也阐述了，清洁的对象包括了 3S 的对象以及人、空间、设施等。 素质教育的对象就是人本身。 后面会作详细说明，对于成年人来说，素质教育的对象就是其自身。 在日常生活中，洗脸、刷牙、洗手、打招呼等都是理所当然的事，不用特别去考虑就能自然而然地做到，这就称之为"习惯"。 公司也是如此。 不用强行要求，能自然而然地遵守规定是最好不过的。

7-2 为什么素质教育是必要的

◆自由是高于一切的吗

那么为什么素质教育是必要的？ 这个问题这样问或许比较好，为什么必须遵守规则？ 日本是自由主义的国家。 但并不意味着任何事情都可以随心所欲。 日语中有"大家一起闯红灯的话就不可怕"这样的说法，这其实很荒谬。 既违反了道路交通法，也是一个道德问题。

所谓的"自由"是，只有在履行了遵守既定规则这一义务的基础上才得以成立的权利。

◆素质教育能加速 3S 的推进

公司也是同样。 如果每天见面一起工作的同事毫不在乎地闯红灯，或者不顾给别人带来困扰去飙车会怎么样？ 公司的风纪就会一下大乱。 如果能切实遵守规则的话，就能非常舒心地工作。

163

图 7-2　应该遵守既定规则

●不能做到素质教育的话

⇒大家将任意行动

⇒社会将秩序混乱

●在工厂

⇒安全得不到保证

⇒无法生产高质量产品

⇒企业失去活力

一点建议　遵守规则，是对其他成员的尊重，是不给别人添麻烦。

完成了 3S，素质教育就基本做到了，但是应该遵守的规则很多都是 3S 里面没有的。 比如把鞋子整齐地摆放好、不随手丢垃圾、将食堂的椅子或会议室的物品放回原处、用愉快的声音大声地打招呼、必须穿工作服和安全鞋、戴安全帽、遵守时间、遵守工作守则……

必须遵守的规则数不胜数。 重要的是能够自觉地去遵守。 推进素质教育的优点在于，3S 水平会进一步有所提高。

7-3　素质教育的基础在于 3S

素质教育的基础在于 3S。 能够做到 3S 是因为能够切实遵守既定规则。 而不能遵守 3S 规则的话素质教育也无法成立。

在本节中，我们再次来考虑一下 3S 与素质教育的关联。

1. 整理与素质教育的关联

所谓整理就是丢弃不用的物品。 之前也论述过"判断和勇气对于整理很重要"。 但是首先为了进行判断必须制定一个基准。 遵守这个基准就是素质教育的体现。不是随意地去判断这个物品是否应丢弃，而是严格按照一个月内如果用不到就要丢弃的基准去执行。

2. 清扫与素质教育的关联

清扫主要是由自己进行。 对于何时如何去进行，每个公司都有自己的规定，严格遵守规定就是素质教育。

165

特别是公共区域，采用轮流制清扫的形式比较普遍，严格履行自己的职责非常重要。

3. 整顿与素质教育的关联

公用的工具或夹具、计量表等用完后物归原处非常重要。 不管物品的放置处所多么固定，如果使用完毕后不放回原处的话一切都毫无意义。 与整顿相关的素质教育也十分重要。 两班倒或三班倒的生产模式，由于员工之间不能进行充分的交流，素质教育就更显重要了。

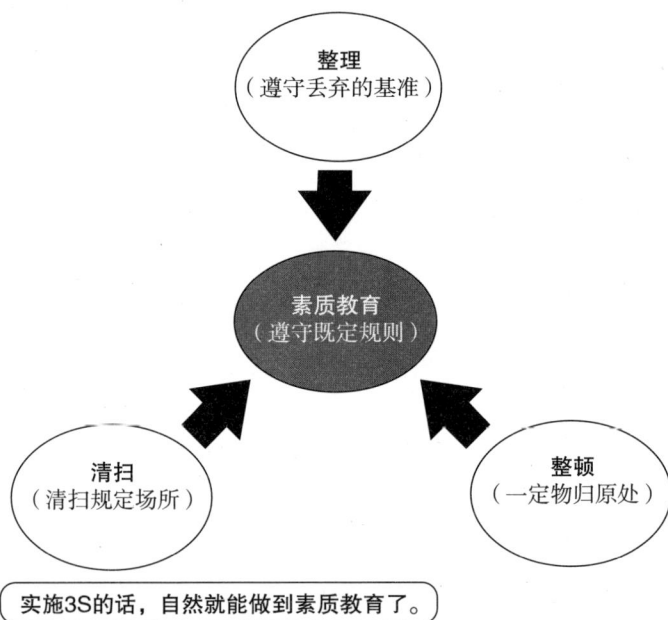

整理
（遵守丢弃的基准）

素质教育
（遵守既定规则）

清扫
（清扫规定场所）

整顿
（一定物归原处）

实施3S的话，自然就能做到素质教育了。

图7-3　素质教育与3S

一点建议

快乐地开展3S的话，自然就能做到遵守规则了（已经掌握了素质教育的基础）。如果在3S之前进行素质教育的话，就成了强加于人的3S。

7-4　素质教育的对象是谁

◆素质教育的对象是所有的人

素质教育的对象是人。　那么作为其对象的人究竟是谁呢？

素质教育的对象是全体员工。　无论是管理人员还是现场工作人员，大家都是素质教育的对象。　就连在同一公司工作的小时工和短期工等都是素质教育的对象。　不能认为不对短期聘用的人员进行素质教育也无妨。

◆自己一个人不遵守也无妨这种想法是致命的

公司是靠全体员工的共同努力才得以运转的。　哪怕有一名员工不遵守规则的话，都有可能会出大问题。　不遵守速度限制而酿成众多死伤的铁路事故，大家还记忆犹新吧。　而领导无视公司的制度作假决算导致公司破产的例子过去也很多。

不遵守规则的话后果会非常严重。　认为"一个人不遵守也无所谓"，从有这种想法开始漏洞就已产生。　话虽如此也不要把素质教育想得过于沉重。　如果抱有诸如如果不遵守就会受处罚、挨骂此类的负面想法的话，素质教育就会索然无趣。　不要消极对待，积极地看待素质教育很重要，如果遵守了规则，就能成为好公司，营造出愉快的工作氛围。　因此领导层应该身先士卒，给部下

167

做出遵守规则的榜样。

社长您迟到了1分钟，麻烦您去打扫卫生间。

● "素质教育"没有禁区和例外

⇒领导需要以身作则

● 一个人不遵守也没关系……有这种想法的时候素质教育就会有破绽。

⇒团体协作非常重要

不好意思，不好意思，我会打扫干净的。

咯嚓

图7-4　素质教育没有例外

一点建议　素质教育没有例外。对象是包括社长在内的全体员工。领导首先要以身作则。

7-5　应由谁来进行素质教育

◆应该由谁来进行对成年人的素质教育

应该由谁来进行素质教育呢？　狗或猫的训练一般由其主人进行，还有小孩子的教育由其父母来进行。　将狗、猫与小孩子放在同一个层次上谈似乎有些不恰当，但是在无法辨别该遵守什么这点上二者是相同的。　因此该由能明辨是非的主人或父母来进行教育。　如果不进行教育会怎么样呢？　狗或猫会不听主人的话，会给附近邻居带来困扰；孩子们为所欲为，也会给别人带来麻烦。

那么以成年人为对象的素质教育该由谁来进行呢？成年人已经具备了辨别是非的能力，因此只要本人不为所欲为，是不会给邻近的人带来较大麻烦的。　也就是说，对成年人进行素质教育的正是其本人。

◆自己是自己的素质教育老师

在公司的素质教育应该由谁来做？　对象不是狗、猫或孩子，而是成年人。　已经能辨明是非了，素质教育当然要由自己来进行。　已经不是孩子了，被别人教育的话肯定也很无趣。　而且被强制进行教育的话，就无法愉悦地遵守规则了。　每次都提心吊胆、不情不愿地来上班的话，就无法在工作上做出成绩。

领导和经营管理层的人员也不例外。　请再次审视自己，为周围做出良好的表率吧。

169

表 7-1 培养自身素质的挑战清单

挑战清单			文件编号IQEF-63-1		课	姓名
2 0 0 7 年	年度部门目的					
	年度部门目标		ISO目标			
			部署目标			
	个人目标					
	达成度检查（自我打分）			达成原因		未达成原因
月 度 目 标			%			
	同事签字	上司签字	部长签字			
	专务签字	会长签字	社长签字			
	同事评价			科长评价		
	主任、店长评价			部长、社长评价		

注：这是绘亚株式会社正在使用的挑战清单。每月由工作人员填写，同事、上司、社长必须写上评语并返还给本人。不用于评分和考核，所以本人和评价人都能写出真心话是一大特点。

一点建议 每一名员工都写出自己的挑战宣言，并向目标挑战是难能可贵的事。上司或领导能给予支持的话就会成为莫大的鼓励。

7-6 应该遵守什么

所谓素质教育就是遵守已经定下来的规则，那么到底遵守什么才好呢？ 有关 3S 的内容在小节 7-3 中已经作了说明，在本节中再进一步探讨一下吧。 首先，对公司外部，大体需要遵守以下两大规则。

第一，法律规定的条款

任何人都有义务遵守以宪法为基础的法令。 比如最贴近我们生活的交通法规。 如果不遵守交通法规，不仅会引起交通混乱，甚至会引发大的事故。

第二，一般常识

即使不是法令规定的内容，一般常识也必须要遵守。 其中见面的问候语是最基本的常识。

1. 社内规章

从业规则、安全守则、伦理规范和操作标准等在任何公司都是重要制度。

2. 3S

之前已经进行了说明，作为企业基础的 3S 是必须遵守的重要项目。

3. 常识

无论在公司内外，遵守常识对人际关系意义重大。人不能脱离集体一个人生存下去，让我们切记团体生活的前提就是遵守包括常识在内的规则。

●社内规章：从业规则、安全守则、伦理规范等

●3S：整理·清扫·整顿

●常识：见面要打招呼·尊敬长辈·遵守时间等

●明确"不可以做的事"也很重要
⇒ 尤其对新人或非正式员工很有效

图 7-5　公司内部需要遵守的规则

一点建议　首先明确在安全和品质问题上不可以做的事情，只有彻底具备了意识才会有实际效果。

7-7 素质教育的方法①——充分理解规则

◆理解规则是素质教育的基本

素质教育是由自己来实行的，那么如何才能做到自然而然地遵守规则呢？

重要的是要充分理解规则。 如果不明白规则就无法去遵守。 比如说，足球是全世界最受欢迎的运动之一，其原因之一就是具有比赛规则简单好记这个优点。 众所周知，如果违反比赛规则，就会被罚任意球或点球。 但是比赛规则再怎么简单，如果不能完全理解的话就无法进行比赛。 不能正确理解足球比赛中最难懂的越位规则的话，难得的得分机会也会被浪费掉。

◆不能理解就无法遵守

公司也是同样。 虽说要遵守规则，但如果无法正确理解规则的话就不可能遵守。 那个规则是什么意思？如果不遵守那个规则的话会有什么后果等等，对此要有充分的理解。 很多公司都会以新人研修会等形式对刚进公司的新人进行集体培训。 但是一次性地将众多规则灌输给他们，在理解上恐怕会有难度。 将教育或研修作为让员工理解规则的手段并没有问题，但需要设法让其愉快、正确地理解。 本人自发产生想理解规则的意愿是最重要的。

173

图 7-6　理解原理

● **为了更好地推进素质教育**

⇒理解规则非常重要

　　不仅要知道方法，更要知道原理，这样既不会忘也能牢固掌握。

● **如果不理解规则的话就无法遵守**

⇒有必要设法使员工能够容易、快乐地学习规则（参与型的研修会、游戏
　　形式的研讨会等）

不仅要理解方法，更要理解原理。理解了原理的话，就会明白为什么那个规则很重要，素质教育也会得到进一步发展。

7-8 素质教育的方法②——设法做到快乐、轻松地遵守规则

◆有必要设立惩罚条例吗

在体育运动的世界里，因犯规而受到处罚情况很多。在足球比赛中，动作粗鲁者会被出示黄牌警告，一场比赛中吃两张黄牌者就要被罚出比赛。 对于具有危险性的比赛吃一张红牌就必须退出比赛。 而有人被罚下场的球队必须在人数不足的情况下继续比赛，这是非常不利的。

那么公司该怎么办呢？ 因不遵守规则造成重大过失，或者故意造成公司损失的员工，一般会受到惩戒处分或免职处分。 惩罚条例可以使错误刹车，但理想的状态还是能自然而然、轻松愉快地遵守规则，而不必设置惩罚条例。 但是这么美好的事情是不存在的。

◆设法能够快乐遵守非常重要

素质教育环节中重要的是，想办法使员工能轻松愉快地遵守规则。 比起不遵守就处罚来说，遵守了就表扬的方法会更好。 东京迪斯尼乐园堪称 5S 的典范，是非常出色的主题公园。 在那里工作的人总是在愉快地微笑。 虽然有严格的规则，但每一个人都十分了解为什么必须去遵守规则，所以能够毫不勉强地快乐工作。 而且团队协作非常默契也是一大特点。 不过分强调负面因素，并且积

极放大正面因素，将素质教育做得快乐而充满活力吧。

图 7-7　快乐地开展素质教育

●为了遵守规则，处罚是好办法吗？

⇒如果没有处罚，规则就不会被遵守。

●为了愉快地遵守规则，需要怎么做呢？

①如果切实遵守规则的话就要表扬、称赞；

②用团队精神去鼓励；

⇒为了自己，为了客户，大家一起去做。

一点建议　为了快乐地遵守规则，在不遵守的时候给予处罚不是好办法，反而遵守的话就加以表扬会更有效。团队协作也是重要因素。

7-9 素质教育的方法③——信息的公开化

◆重新审视为什么需要规则

所谓"素质"就是遵守既定规则。 即便有不能理解的地方也要先遵守。

但是没用的规则应该立即整改。 修改宪法是非常困难的，但是改变公司规则的一部分并非难事。 包括由来已久的老规矩在内，每个公司都会有一些莫名其妙的规则。 固执地遵守不解其意的规则就是浪费精力。 用5S来打比方的话，就是不进行整理永远认真地保存无用之物。 如果觉得规则自身有问题，或者不符合时代发展的话，鼓起勇气提出建议吧。 遵守规则最好的办法就是删去没用的规则。

◆重要信息的公开化

有必要建立一种体制，能够迅速地探讨员工提出的建议，如果真是无用的规则的话就立即废除或进行修订。 否则难得鼓起勇气提建议的人也觉得势单力薄，恐怕不会再次提建议了吧。 比起增加新规则倒不如删去无用的规则，或者修改它们才是更切合实际的提案。 信息公开化的氛围对素质教育十分重要，失败或投诉等不好的信息能直接而迅速地传达到上级的企业就是优秀的企业。 为了构筑快乐而充满活力的工作环境，乐于接受任

177

何信息的体制和企业文化非常必要。

图7-8 取消没用的规则

●没有比遵守没有意义的规则更浪费精力的事了
　⇒立即废除很重要
　　（比如，买一支圆珠笔需要征得3位上司的同意？
　　⇒△△金额以下，负责人可自行判断购买）

●在信息公开化、能充分进行交流的企业，废除无用规则的行动会迅速
　展开

一点建议 废除无用的规则是最好的方法。有意见就能畅所欲言的氛围、提案能被迅速讨论并判断可行性的体制，这两点都很重要。

7-10 素质教育的方法④——取消不彻底的做法

◆停止暂时放置、暂时张贴的做法

人本来就意志薄弱，往往想做什么也很难做决断，想把某事做下去也很难坚持下去，因此仅仅能做到 3S 已经是很了不起的举动了。 有什么事的话总想着选择轻松的做法，这一点人人都是一样的。

暂时放置或暂时张贴的做法，在 3S 已经扎根的企业也经常能看到。 放置的地点和方法明明已经规定好了，但现实中比如就现在稍微放一下，或者马上就回来先放在这里等诸如此类的借口很多。 经常能看到在设备上或操作台上放置劳动手套或纱布的情景。 为什么不可以暂时放置呢？ 那是因为暂时放置往往不是稍微放一下，很有可能会一直放在那里。

◆允许例外的话规则就会乱套

如果允许暂时放置这样的例外的话，规则就会逐渐乱套。 这是个大问题。 经常会有这样的情况，如果有人在路边放一个空饮料罐，第二天那里就会被扔几十个饮料罐或饮料瓶。 允许一个例外的话，其结果可能就是规则将不再被遵守。 素质教育是由自己实行的。 全体员工都需要意识到这一点。 首先让我们消灭暂时放置、暂时张贴吧。 东京迪斯尼乐园之所以如此整洁，就是不认同例外，哪怕一个很小的规则全体员工都必须遵守。

179

图 7-9 必须有意识地消灭"暂时放置"

图 7-10 好不容易变整洁的工作环境被暂时
放置的物品破坏了好印象

一点建议 认同例外的话，例外就会不断增加，规则就成了摆设。因此自己抱
有"不认同例外"的意识很重要。

专栏　通过 5S 主题公园快乐推进 5S

　　C&C 玻璃研究所株式会社是主要生产用于汽车或液晶屏背部照明玻璃配件的中坚企业。　该公司导入 5S 后进步很大，仅 1 年后公司就变得焕然一新。　他们灵活地利用导管进行改良，现在公司用的基本上都是以导管为材料手工制作的架子和推车。　工作人员自发展开 5S 是最大特点。

　　5S 主题公园的构想是通过社长自上而下的管理模式在短时间内确定下来的。　快乐的 5S 构想与该公司的企业文化十分契合，于是就有了这个迄今为止接待了众多参观者的 5S 主题公园工厂。

　　下面介绍一下主题公园的具体情况。

　1. 烤鸡肉串店

　　用松脂凝固玻璃的工序就是烤鸡肉串店。　与真的烤

图 7-11　烤鸡肉串店

181

鸡肉串店惊人的相似，还挂有红灯和长条诗笺。

2. 拉面店

用竹筛过滤松脂的拉面店也不可思议般地跟真的拉面店很相像。

3. 江户村

曾经谈论过要进行重建的工厂，也因活用木材的温暖感觉变身为"江户村"，成为了一个很有情调的、整洁的工作场所。

4. 梦幻王国、未来王国

模仿迪斯尼的两个乐园充满了乐趣。

5. 便利店

比真的便利店还像便利店，让参观者大吃一惊。

图7-12　拉面店

第 8 章
为了实现快乐并有价值的 5S

8-1　如何将 5S 坚持下去

在本书最后的章节中，将介绍如何推进快乐并有价值的 5S 方法。

◆巧妙推动"PDCA 循环"

日语中有句话说，一年之际在于元旦，但常会有刚过一个月就会完全忘记那些计划的情况。 5S 的环节也常会出现这样的情况，最初制定的 5S 推进计划不知道何时就被塞进了书桌抽屉里无疾而终了。 不断地重新审视实施计划，推动 PDCA（Plan，计划・Do，实施・Check，评价・Action，对策）循环非常重要。 在年终之际对一年的实施结果进行评价和反省，然后制定下一年度的推进计划，切实提高 5S 水平。

图 8-1　喜欢上 5S

●喜欢上的话⇒变得快乐⇒能够集中精力
⇒做得更好⇒出成果⇒更加喜欢
成为良性循环的话 5S 就会越发进步。

●喜欢上 5S 的话……
⇒日常生活中能游刃有余。
能过快乐的人生。

一点建议　喜欢上的话就会变得快乐。变得快乐的话就能够集中精力去做好。做好的话就会出成果。出了成果就会更加快乐。就这样开始良性循环吧。

184

◆喜欢上 5S 吧

那么，如何才能巧妙地将 5S 继续做下去呢？ 任何事情要坚持下去都非常痛苦。 但是能够轻而易举地继续下去的办法也有，就是喜欢上它。 喜欢的话就会越来越熟练，不断出现成果，5S 也越做越快乐。 这么一来就会更加喜欢 5S 了，一定能继续做下去。 因此喜欢上 5S 是最好的办法。 有人也可能会认为，5S 不是我的兴趣所在，无法喜欢上 5S。 其实任何事情只要集中精力坚持到最后的话都会很有意思的。 并且人往往都是稍有成果就会干劲十足。 5S 只要坚持做的话短时间内一定会出成果的。 请锁定目标，试着彻底实施 5S 吧。 您一定会喜欢上 5S 的。

8-2 如何快乐地推进 5S

前面一节提到了，喜欢上 5S、享受 5S 带来的乐趣。但是有的实施方法会令人讨厌 5S。 也就是说，强加于人的 5S 或命令式的 5S 是绝对长久不了的，因为无法喜欢上 5S 的话就不能享受 5S。 下面介绍一下实现快乐 5S 的关键词，那就是"资·期·评·现"四个字。

1. 资：不做资料

对于生产现场来说，制作资料不能称之为工作。 他们的工作室是制造产品。 但为了推进 5S 必须制作大量的资料，或者必须使用那些资料作报告，在产生这种想法的一瞬间，人就已经讨厌起 5S 了。

●资·期·评·现●

"资·期·评·现"是实现快乐5S的关键词。

资料　　　　期限　　　　评分

日程表

以现在人员为主导

图 8-2　实现快乐 5S 的关键词

●停止 5S 非常容易
　⇒将"资·期·评·现"朝相反的方向做就可以了。
⊗让员工不断地做资料，频繁地在会议室作报告或批评；
⊗不断设定短时期限，严格跟进；
⊗采取评分制，不断批评其缺点；
⊗忽视现场人员，一直实施强制性的 5S。

一点建议　快乐地推进 5S 的关键词是"资·期·评·现"。即不做资料、不设期限、不评分、以现场为主导。只要遵守这一点 5S 就能不断展开。

2. 期：不设期限

在某时之前要进行整理，在某时之前要进行清扫，如果设定这样的期限的话就会成为负担，就无法享受 5S 的过程。 按自己的节奏既高效地完成工作又能做好管理的话，才是真正快乐的 5S。

3. 评：不作评分

对 5S 的执行水平进行评分的话，只会增加人们对 5S 的厌恶。 打分实际就是扣分。 如果被表扬的话，现场员工会主动实施 5S，但被批评的话就会失去干劲。

4. 现：现场主导

5S 的实施水平从生产现场就能一目了然。 这一点实施者自己也非常清楚。 把 5S 交给现场人员让他们愉快地去实施吧。 现场人员欢迎的不是批评或命令，而是启示和意见。

8-3 自己制作检查清单

◆检查清单有用吗

经常能看到 5S 的检查清单。 有了检查清单的话，就不会有疏漏，让人觉得能有效地推进 5S。 要是符合企业实情的检查清单倒还好，如果使用通用的检查清单推进 5S 的话，缺点会多于优点。 也就是说通用的检查清单基本没有用。 用这种检查清单的话，现场的 5S 情况就永远不会超越检查清单上所列的情况。

表 8-1　为自己而做的 5S 检查清单

		为了自己制作的5S检查清单	
	制作日期：2009年9月9日		制作者：真江进
	内容	为何	怎样做
整理	丢弃无用的旧纱布	·用的话会弄脏 ·看起来不好看	休息时间一定把用过的旧纱布丢弃
清扫	时常保持设备的如新状态	·预防故障 ·容易检查 ·确保品质 ·心情舒畅	·10点、13点、15点清扫 ·17点最终检查，清扫
整顿	必要的工具不用寻找	·浪费时间 ·心情舒畅	·制作工具推车 ·用过后放回原处
清洁	保持自身清洁	会把干净的工厂弄脏	·穿干净的工作服 ·洗手
素质教育	大声地开朗地打招呼	·心情好 ·保持团队和睦	·比别人先开口打招呼

一点建议　检查清单由自己制作。做好以后不是就那么放着，应不断改进以提高水平。

188

经常可以看见一边对照检查清单一边进行 5S 巡查的。比起巡视现场，看检查清单花费的时间可能会更多，并且检查清单限制了检查的地方和方法。在巡查现场的时候，不仅要发现不好的地方，还要发现好的地方或者已得到改进的地方，并对其大加赞赏，这一点很重要。

◆自己制作检查清单

那么检查清单就毫无作用吗？如果要发挥其作用的话，就需要自己制作检查清单。与其叫检查清单不如改称备忘录，或者 5S 诀窍集锦可能会更恰当。如果是自己制作的清单，为方便使用还可以进行改进。不管怎么说，一切以生产现场为根本。为了达到快乐 5S 的目标，生产现场人员的智慧和努力很重要。

8-4　向 5S 主题公园发起挑战

◆通过 5S 主题公园快乐地推进 5S

我向大家介绍一个推进快乐 5S 的方法，那就是建立 5S 主题公园。简单说来就是将该公司的生产现场变成 5S 主题公园。那么 5S 主题公园到底是什么呢？直译过来就是以 5S 为主题的公园之意。而这里的意思是，愉快地展开发挥该公司特点的 5S 活动。即便同样都是推进 5S，比起严格死板地进行，倒不如心态轻松、自由地推进会更快乐，这样也能长期坚持下去。而且因为是发挥该公司的特长，所以更能将 5S 做得独具特色，与其他公司差别化。

图 8-4　C&C 玻璃研究所的 5S 主题公园之未来王国

图 8-5　C&C 玻璃研究所的 5S 主题公园之江户村

一点建议　快乐推进 5S 的一个有力手段就是构建 5S 主题公园。带着轻松愉快的心情去推进 5S 的话，一定能够坚持将其发展下去的。

◆5S 主题公园的时间

我来介绍一个企业的例子。 这个工厂构筑了符合各
个部门特点的 5S 主题公园，当然主角是现场的工作人
员，工作人员快乐地亲手构建 5S 主题公园。 玻璃加工
是他们的本职工作，而各个部门都取了与玻璃加工毫无
关系的独特的昵称（主题公园的名字），各个主题公园都
进行了与昵称相符合的装饰。 当然 5S 的水平是一流
的。 构建了这个主题公园后，在享受其乐趣的同时，5S
的水平也在不断提高。 看了现场的人都会赞同。 这的
确是令人快乐的 5S 主题公园。

也请各位试着向快乐的 5S 主题公园发起挑战吧。

8-5　5S 之路永无止境

本书马上就进入尾声了。 5S 同时具备了深度和广
度，而且越实施就越能感受到这一点，并且在现场能够
感受到其魅力所在，这就是 5S 的重要特征。 5S 进行到
一定水平后，不同的人会采取不同的行动。

- 执著地继续实施 5S。
- 暂且停止 5S，重新开始别的尝试。
- 什么也不做，顺其自然。
- 一边继续实施 5S，一边向公司的既定目标发展。

哪种做法是正确的，因不同公司、不同时期的具体情况而异。而且除上述方式外当然还有其他的做法。可以明确的一点是，5S不是目标而是手段，而且还是达成公司目标的重要且有力的手段。可以说，做不到5S的话就算用其他对策也会收效甚微，5S是非常重要的手段。

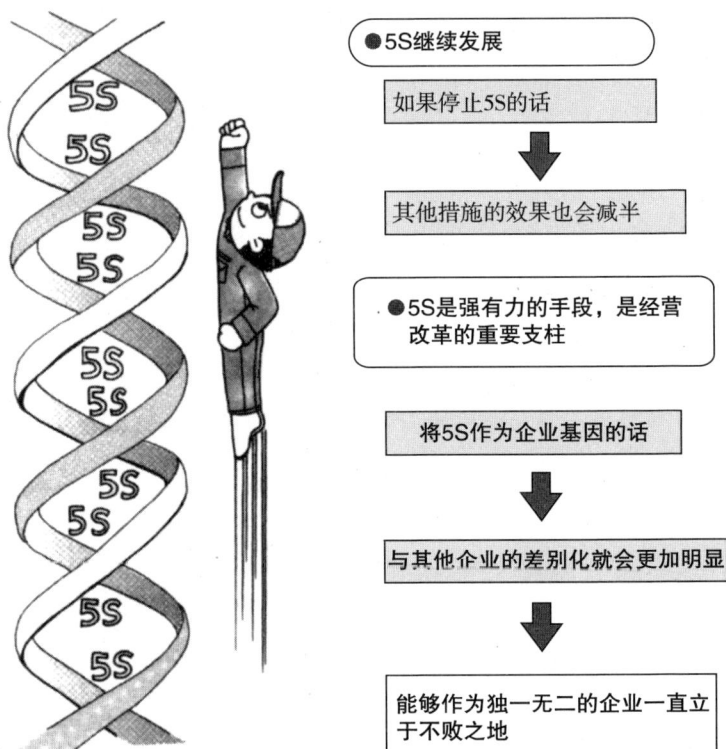

●5S继续发展

如果停止5S的话

↓

其他措施的效果也会减半

●5S是强有力的手段，是经营改革的重要支柱

将5S作为企业基因的话

↓

与其他企业的差别化就会更加明显

↓

能够作为独一无二的企业一直立于不败之地

图 8-6　将 5S 融入企业的基因

一点建议

5S之路是永无止境的。即便5S成为企业的基因或者血肉，还是要继续向前发展。请以把5S作为支柱的独一无二的企业为目标而奋斗吧。

因此，不能因为 5S 达到了某种程度就自满而停止
5S。 5S 是公司的基因组成部分，必须老老实实地继续下
去。 当然之前已经提到多次，能够愉快地将 5S 继续下
去是最重要的。

以 5S 为支柱继而向下一个阶段进军是非常好的做
法，因为这样做 5S 也能得到发展。 请一定以 5S 为支
柱，以成为世界上独一无二的企业为目标，将 5S 继续下
去吧！

东方出版社助力中国制造业升级

定价：28.00 元

定价：32.00 元

定价：32.00 元

定价：32.00 元

定价：32.00 元

定价：32.00 元

定价：30.00 元

定价：30.00 元

定价：32.00 元

定价：28.00 元

定价：28.00 元

定价：36.00 元

定价：30.00 元

定价：32.00 元

定价：32.00 元

定价：32.00 元

定价：38.00 元

定价：26.00 元

定价：36.00 元

定价：22.00 元

定价：32.00 元

定价：36.00 元

定价：36.00 元

定价：36.00 元

定价：38.00 元

定价：28.00 元

定价：38.00 元

定价：36.00 元

定价：38.00 元

定价：36.00 元

定价: 36.00 元

定价: 46.00 元

定价: 38.00 元

定价: 42.00 元

定价: 49.80 元

定价: 38.00 元

定价: 38.00 元

定价: 38.00 元

定价: 45.00 元

定价: 52.00 元

定价：42.00 元

定价：42.00 元

定价：48.00 元

定价：58.00 元

定价：48.00 元

定价：58.00 元

定价：58.00 元

定价：42.00 元

定价：58.00 元

定价：58.00 元

定价: 58.00 元

定价: 58.00 元

定价: 58.00 元

定价: 58.00 元

定价: 58.00 元

定价: 68.00 元

定价: 68.00 元

定价: 68.00 元

定价: 68.00 元

定价: 68.00 元

定价：68.00 元

定价：68.00 元

定价：58.00 元

定价：88.00 元

定价：136.00 元（上、下册）

定价：136.00 元（上、下册）

定价：68.00 元

"精益制造" 专家委员会

齐二石　天津大学教授（首席专家）

郑　力　清华大学教授（首席专家）

李从东　暨南大学教授（首席专家）

江志斌　上海交通大学教授（首席专家）

关田铁洪（日本）　原日本能率协会技术部部长（首席专家）

蒋维豪（中国台湾）　益友会专家委员会首席专家（首席专家）

李兆华（中国台湾）　知名丰田生产方式专家

鲁建厦　浙江工业大学教授

张顺堂　山东工商大学教授

许映秋　东南大学教授

张新敏　沈阳工业大学教授

蒋国璋　武汉科技大学教授

张绪柱　山东大学教授

李新凯　中国机械工程学会工业工程专业委会委员

屈　挺　暨南大学教授

肖　燕　重庆理工大学副教授

郭洪飞　暨南大学副教授

毛少华　广汽丰田汽车有限公司部长

金　光　广州汽车集团商贸有限公司高级主任

姜顺龙　中国商用飞机责任有限公司高级工程师

张文进　益友会上海分会会长、奥托立夫精益学院院长

邓红星　工场物流与供应链专家

高金华　益友会湖北分会首席专家、企网联合创始人

葛仙红　益友会宁波分会副会长、博格华纳精益学院院长

赵　勇　益友会胶东分会副会长、派克汉尼芬价值流经理

金　鸣　益友会副会长、上海大众动力总成有限公司高级经理

唐雪萍　益友会苏州分会会长、宜家工业精益专家

康　晓　施耐德电气精益智能制造专家

缪　武　益友会上海分会副会长、益友会/质友会会长

东方出版社

广州标杆精益企业管理有限公司

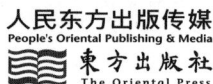

標杆精益®
BENCHMARK LEAN

人民东方出版传媒
People's Oriental Publishing & Media
东方出版社
The Oriental Press

日本制造业·大师课

手机端阅读，让你和世界制造高手智慧同步

片山和也：
日本超精密加工技术
系统讲解日本世界级精密加工技术
介绍日本典型代工企业

国井良昌：
技术人员晋升·12 讲
成为技术部主管的 12 套必备系统

山崎良兵、野々村洸，等：
AI 工厂：思维、技术·13 讲
学习先进工厂，少走 AI 弯路

高田宪一、近冈裕，等：
日本碳纤材料 CFRP·11 讲
抓住 CFRP，抓住制造业未来 20 年的
新机会

中山力、木崎健太郎：
日本产品触觉设计·8 讲
用触觉，刺激购买

高市清治、吉田胜，等：
技术工人快速培养·8 讲
3 套系统，迅速、低成本培育技工

近冈裕、山崎良兵，等：
日本轻量化技术·11 讲
实现产品轻量化的低成本策略

近冈裕、山崎良兵、野々村洸：
日本爆品设计开发·12 讲
把产品设计，做到点子上

近冈裕、山崎良兵、野々村洸：

数字孪生制造：
技术、应用·10 讲

创新的零成本试错之路，智能工业化
组织的必备技能

吉田胜：

超强机床制造：
市场研究与策略·6 讲

机床制造的下一个竞争核心，是提供
"智能工厂整体优化承包方案"

吉田胜、近冈裕、中山力，等：

只做一件也能赚钱的工厂

获得属于下一个时代的，及时满足客
户需求的能力

吉田胜：

商用智能可穿戴设备：
基础与应用·7 讲

将商用可穿戴设备投入生产现场
拥有快速转产能力，应对多变市场需求

吉田胜、山田刚良：

5G 智能工厂：
技术与应用·6 讲

跟日本头部企业学
5G 智能工厂构建

木崎健太郎、中山力：

工厂数据科学家：
DATA SCIENTIST·10 讲

从你的企业中找出数据科学家
培养他，用好他

中山力：

增材制造技术：
应用基础·8 讲

更快、更好、更灵活
——引爆下一场制造业革命

内容合作、推广加盟
请加主编微信

图字：01-2010-7843 号

Zukai de wakaru Seisan no Jitsumu 5S no Susumekata by YUKIO ECHIZEN
Copyright © YUKIO ECHIZEN 2007
All rights reserved
Simplified Chinese translation copyright © Oriental Press. 2010
Original Japanese edition published by JMA MANAGEMENT CENTER INC.
Simplified Chinese translation rights arranged with JMA MANAGEMENT CENTER INC.
Through Hanhe International（HK）Co., Ltd.

图书在版编目（CIP）数据

5S 推进法 ／（日）越前行夫 著；尹娜 译. —北京：东方出版社，2021. 5
（精益制造；001）
ISBN 978-7-5207-2104-2

Ⅰ. ①5… Ⅱ. ①越… ②尹… Ⅲ. ①企业管理—生产管理 Ⅳ. ①F273

中国版本图书馆 CIP 数据核字（2021）第 046300 号

精益制造 001：5S 推进法
（JINGYI ZHIZAO 001：5S TUIJINFA）

作　　者：［日］越前行夫
译　　者：尹　娜
责任编辑：姬　利　高琛倩
出　　版：东方出版社
发　　行：人民东方出版传媒有限公司
地　　址：北京市西城区北三环中路 6 号
邮　　编：100120
印　　刷：北京印刷集团有限责任公司印刷一厂
版　　次：2021 年 5 月第 1 版
印　　次：2021 年 5 月第 1 次印刷
开　　本：880 毫米×1230 毫米　1/32
印　　张：6. 875
字　　数：122 千字
书　　号：ISBN 978-7-5207-2104-2
定　　价：52. 00 元
发行电话：(010) 85924663　85924644　85924641